AF349278

¡ES LO QUE HAY!

¡ES LO QUE HAY!

Entre la fragilidad
y la fuerza de seguir

JOSEFINA VÁZQUEZ MOTA

Grijalbo

Papel certificado por el Forest Stewardship Council®

¡Es lo que hay!
Entre la fragilidad y la fuerza de seguir

Primera edición: febrero, 2026

D. R. © 2025, Josefina Vázquez Mota

D. R. © 2026, derechos de edición mundiales en lengua castellana:
Penguin Random House Grupo Editorial, S. A. de C. V.
Blvd. Miguel de Cervantes Saavedra núm. 301, 1er piso,
colonia Granada, alcaldía Miguel Hidalgo, C. P. 11520,
Ciudad de México

penguinlibros.com

ISBN: 978-607-387-008-5

Impreso en México – *Printed in Mexico*

Dedico este libro a tres grandes amores que iluminan mi vida de una manera única y que me enseñan cada día a abrazarla con infinita alegría y gratitud. Gracias por enseñarme una nueva dimensión del amor.

Gracias a mi Lulu, a mi Majitos y a mi María.

Lo dedico con profundo amor a mi esposo y a mis hijas, a mis papás y hermanos y a toda mi familia siempre presente. Lo dedico a quienes el dolor no alejó de mi vida, a quienes acercó sin siquiera imaginarlo, a quienes eligieron distanciarse y al personal de salud que me ha ayudado con sus conocimientos y empatía a llegar hasta aquí.

A quienes siempre han creído que el dolor existe, aunque ningún estudio médico pueda registrarlo.

Lo dedico también a todas y todos los pacientes que viven con dolor.

Y a quienes el dolor los ha elegido, para que nunca den por hecho la infinita bendición de la salud.

ÍNDICE

En este texto quiero agradecer, primero, por lo que para mí significa una segunda oportunidad para vivir, porque este proceso de aceptación ha sido el más desafiante que hasta ahora he enfrentado en mi vida.

Cuando todo comenzó, no entendía nada de lo que sucedía, menos aún cuando todo cambió tan de repente y el dolor empezó a gobernar mi vida. Pasé por muchos procesos y por todo un abanico de sentimientos y emociones, desde el reclamo, la queja, por supuesto el rechazo, la negación, la resistencia, y también en muchos momentos me hundí en la tristeza y la frustración.

Todo fue tan rápido y sin previo aviso que me ha llevado estos últimos cuatro años a aprender a aceptar esta nueva realidad, a aprender a ver mi vida y la de los otros de manera muy distinta.

Es como si hoy tuviese unos lentes que me permiten observar y darme cuenta de lo que antes no tenía tiempo de disfrutar, o siquiera percatarme de que ahí estaba.

Este proceso de aceptación ha sido un nuevo comienzo, que nada tiene que ver con la resignación y mucho menos con una posición de "ya ni modo". Solo cuando acepté mi realidad pude ver con claridad lo que en verdad soy capaz de controlar (que, por cierto, es muy poco), pero es suficiente para abrazar, para agradecer la vida y elegir construir felicidad.

Aún hay días en los que todo me cuesta mucho; hoy mismo, cuando apenas hace 48 horas volvieron a quemar el nervio de mi pierna, mi cuerpo duele, y este ardor no me deja encontrar acomodo, pero hoy sé que es el poder del amor lo que me permite compartir estas experiencias, y también las de otras y otros pacientes que han sido heroicos. Hay quienes ya no están aquí, pero lucharon hasta el final y nos dejaron lecciones únicas de amor y resiliencia, y también las de otras y otros que siguen caminando la vida con esperanza, gratitud y con esa aceptación indispensable para volver a vivir, para empezar una nueva vida.

Es lo que hay trata justamente de reconocer qué es aquello de nuestra vida que tenemos el poder para transformar —si así lo queremos— y nos deja claro todo lo demás que se escapa de nuestras manos y de nuestra voluntad; se trata de aprender a vivir de un modo distinto, pero de vivir con mayúsculas, de no conformarnos con sobrevivir o malvivir.

En estos cuatro años, solo puedo agradecer por tantas bendiciones en mi vida, porque creo en un Dios infinitamente amoroso y bueno, y creo también que siempre me lleva de su mano, porque soy guadalupana a morir y en Dios y en la Virgen he encontrado mi refugio en los momentos más adversos, porque tengo una familia incondicional en su amor y su compañía, porque hubo quienes en estos años recientes eligieron quedarse a mi lado, y también otros que decidieron distanciarse, aunque yo pensé que siempre estarían, pero no los juzgo, porque justamente "es lo que hay".

Agradezco y bendigo a todo el personal de salud que me ha atendido y que ha abrazado mis días más difíciles y siempre ha estado a mi lado para seguir andando la vida con el menor dolor posible. Por buscar la causa de esta enfermedad, aunque aún no la encuentren, y tratamientos de cura en medio de tantas preguntas sin respuestas.

Elijo aceptar que "es lo que hay" porque quiero seguir haciendo, construyendo, sentir y vivir la vida. He aprendido que cada instante es un milagro y es el presente lo único que sí tenemos, y elijo vivirlo con gratitud infinita e intensidad.

Aceptar me ha enseñado también que frente a las realidades que enfrentamos, es nuestra elección cómo las miramos, y a partir de ello, cómo las vivimos, y entonces todo es diferente.

Reitero que aún hay días adversos, pero no quiero desperdiciar ni uno solo en reclamos, quejas, negaciones o en un pasado que no regresará jamás, ni en un futuro del cual no tengo la menor idea de lo que sucederá.

Un día sin dolor es un paraíso y "es lo que hay", un día con dolor y agujas en mi pierna es también un día que abrazo con amor y le pido consideración al dolor porque eso "es lo que hay".

Carl Jung afirmaba que "la vida no vivida es una enfermedad de la que se puede morir",[1] y hoy te invito a que me acompañes en esta lectura que escribo desde mi corazón, mi vulnerabilidad, mi fuerza y mi gratitud para no morir de esta enfermedad, sino para morir de tanto vivir, cuando así llegue la hora.

Estos aprendizajes y distintas etapas son las que quiero contar en este libro. Lo escribo porque compartir y aprender de quienes han pasado momentos difíciles en su vida, o de quienes los acompañan, permite entender no solo otras facetas de lo que es la vida, sino de las enormes oportunidades que siempre, inexorablemente, se van presentando.

Confío, amable lectora y lector, en que mi historia, mis aprendizajes, esos días sin dolor y los otros en que a ratos aún me invade la frustración y la tristeza, te sirvan a ti en el momento de enfrentar dificultades, de elegir una actitud y ante los dilemas cotidianos que son eso que llamamos VIVIR.

---

[1] https://www.diariodenavarra.es/noticias/portadas/mas_actualidad/cultura/una_vida_vivida_una_enfermedad_que_puede_morir.html.

PRÓLOGO

Este libro es un canto a la esperanza, una afirmación sobre el sentido de la vida, un descubrimiento de la realidad, que *es lo que hay*. Cuando Josefina me distinguió invitándome a escribir este prólogo no imaginé la profundidad de las reflexiones que de forma clara, ágil y amable iba a encontrarme. Son muchos los *nuevos Mediterráneos* que uno se encuentra aquí, es para leerlos y volverlos a leer: de cada nueva lectura se descubren aspectos y matices profundos… como si fuera la primera aproximación.

El momento en que se publica esta obra no puede ser más oportuno: la profundidad de los cambios que estamos viviendo están significando un verdadero *cambio de era*, esto es, un cambio de cosmovisión y percepción de la realidad. Hoy, entre otras cosas, la espiritualidad tiene menos entidad, la libertad menos sentido, el paso del tiempo se percibe más veloz y hay una pérdida del *umbral*, esto es, la frontera entre lo digital y la realidad.[1]

---

[1] *Cfr.* Jonathan Haidt, *La generación ansiosa. Por qué las redes sociales están causando una epidemia de enfermedades mentales entre nuestros jóvenes*, Deusto, Barcelona, 2024.

Propio de esta transición, los últimos años nos han mostrado —a veces de forma cruda— los límites de nuestra existencia, ¿quién hubiera afirmado hace algunos años que el proceso de globalización se iba a agotar, que, en la era del *transhumanismo*, el mundo se iba a ver arrinconado por un virus o que la juventud sufriría *futurofobia*? Prácticamente nadie, llegaron sorpresivamente, sin avisar y hoy son nuestra realidad, *es lo que hay*.

Admiro la valentía de Josefina al mostrar su dolor, sus luchas y sus miedos, así como la forma en que a pesar de todo ello ha logrado darles sentido, encontrando gozo y felicidad profunda en medio de lo que en principio parecería un panorama desolador. Los capítulos de este libro son expresiones que surgen de la experiencia íntima y que son aplicables de manera universal.

En una cultura predominantemente hedonista, el libro es un faro que ilumina en la comprensión de la valía del dolor. Desde su experiencia personal, Josefina se familiariza con el dolor dando una serie de lecciones que son válidas para la vida de cualquier persona, las que más llamaron mi atención fueron tres:

1) En la vida humana el dolor es inevitable; la tristeza es opcional.

2) El dolor que adquiere sentido se convierte en una forma de realización.

3) Superar una adversidad incrementa nuestra capacidad de ser felices.

Pero más allá de un libro sobre el dolor, como comentaba en líneas anteriores, se trata de un canto a la esperanza, virtud bastante ausente en un mundo en el que predomina la *futurofobia*, esto es, el miedo al futuro, la ausencia de ilusión, la ausencia de fuerza vital para enfrentar los desafíos que se nos presentan como parte integrante de la vida. La esperanza, en cambio, ve el futuro pleno de sentido, con una gran felicidad a pesar de los obstáculos, dolores y sufrimientos. En esto, la autora pone sobre la mesa su propio testimonio. En palabras del papa Francisco —que en los días en que se escribe este prólogo ha estado atravesando por un estado delicado de salud—:

En italiano se dice habitualmente "aspetta e spera", aguarda y ten esperanza, mientras que en castellano *esperar* reúne en un solo verbo los dos significados. Pero la esperanza es sobre todo la virtud del movimiento y el motor del cambio: es la tensión que une memoria y utopía para construir como es debido los sueños que nos aguardan. Y, si un sueño se debilita, hay que volver a soñarlo otra vez, en nuevas formas, recurriendo con esperanza a las ascuas de la memoria.[2]

En esta línea, una característica central del momento en que vivimos es el debilitamiento de la noción de sentido. El entorno, con su exceso de datos, imágenes y sonidos, reduce el espacio interior de reflexión y silencio,

---

[2] Papa Francisco, *Esperanza, la autobiografía*, Plaza & Janés, Barcelona, 2025, tomada del libro electrónico: posición 3 de 364.

a la vez que causa una sobreestimulación emocional, y dificulta encontrar sentido a las cosas que nos ocurren.

De manera particular, este fenómeno impacta a las generaciones *millenial* (aquellos nacidos entre 1981 y 1996)[3] y siguientes. De acuerdo con la psiquiatra Marian Rojas:

> Nos encontramos en el momento de mayor estimulación de la historia; hoy en día, cualquier niño de siete años ha recibido más información y estímulos —música, sonido, comidas, sabores, imágenes, videos— que cualquier otro ser humano que haya poblado antes la Tierra. Esa sobre-estimulación dificulta la toma de decisiones. La juventud de hoy —los famosos *millennials*, entre los que tengo un pie puesto— se encuentra aturdida sin saber qué decidir y hacia dónde dirigirse. [...] Los *millennials* viven empapados de emociones y sentimientos que les llevan a necesitar una gratificación constante para avanzar.[4]

El vacío de sentido se ha venido llenando a través de emociones. El lenguaje de las nuevas generaciones basa su búsqueda de la felicidad en las experiencias inmediatas. La experiencia, por su corta duración, genera la nece-sidad de otra, preferentemente más intensa. En palabras de Byung-Chul Han:

---

[3]Hacer cortes generacionales no es una ciencia exacta, por eso es posible encontrar diferencias entre algunos autores y otros.

[4]Marian Rojas Estapé, *Cómo hacer que te pasen cosas buenas*, Planeta, Barcelona, tomada del libro electrónico: posición 156-168 de 3 700.

Sin ideas, sin un horizonte de sentido, la vida se reduce a la supervivencia o, como sucede hoy, a la inmanencia del consumo. Los consumidores no tienen esperanzas. Lo único que tienen son deseos y necesidades. Tampoco necesitan ningún futuro. Cuando el consumo se absolutiza, el tiempo se reduce al presente permanente de las necesidades y las satisfacciones.[5]

De ahí la relevancia de observar en un testimonio real que *sí es posible construir esperanza* en un mundo lleno de complejidades y problemas, un mundo en donde a primera vista parecería no encontrarse motivos, donde lo que vemos *es lo que hay*, y en el que, sin embargo, como nos muestra Josefina, es posible llegar a una existencia plena, alcanzar una vida lograda.

Este libro es particularmente oportuno en un momento en que las enfermedades mentales han crecido de forma exponencial. De acuerdo con un pronóstico realizado en 2018 por la Organización Mundial de la Salud (OMS), para 2020 la ansiedad y la depresión serían las principales causas de discapacidad laboral. En 2020, en plena pandemia de covid-19, un informe de la OMS señaló que prácticamente la mitad de la población mundial estaría pasando por episodios de ansiedad o depresión.

Sin embargo, aunque existen avances en la conciencia de que se trata de uno de los mayores problemas

---

[5]Byung-Chul Han, *El espíritu de la esperanza*, Herder, Barcelona, 2024, tomada del libro electrónico: posición 22 de 201.

de salud pública, todavía no se han logrado las medidas necesarias para revertir la tendencia.

En 2020, solo el 51% de los 194 Estados Miembros de la OMS, informó que su política o plan de salud mental estaba en consonancia con los instrumentos internacionales y regionales de derechos humanos, porcentaje que es muy inferior a la meta del 80%. Y solo el 52% de los países cumplió la meta relativa a los programas de promoción y prevención de la salud mental, porcentaje también muy inferior a la meta del 80%. La única meta para 2020 que se cumplió fue la reducción de la tasa de suicidio en un 10%, pero, incluso entonces, solo 35 países dijeron que tenían una estrategia, política o plan de prevención independiente.[6]

Para distintos gobiernos en el mundo, la salud mental se ha convertido en un problema central de salud pública, por ello son tan necesarios los esfuerzos dirigidos a difundir la esperanza. Se requiere explicar la verdadera naturaleza de la esperanza, como se desprende de la propia experiencia de Josefina, no confundirla con el optimismo, que significa dejar la solución de los problemas fuera de nosotros, sino comprender que la esperanza es un esfuerzo de la voluntad, una decisión.

En palabras del propio Han:

---

[6]Tomado de la página de la Organización Mundial de la Salud, https://www.who.int/es/news/item/08-10-2021-who-report-highlights-global-shortfall-in-investment-in-mental-health, el 28 de enero de 2022.

Tanto el optimista como el pesimista son ciegos para las posibilidades. Nada saben de eventos que puedan dar un giro sorprendente al curso de los acontecimientos. Carecen de imaginación para lo nuevo y son incapaces de apasionarse con lo que jamás había existido. En cambio, quien tiene esperanza apuesta por las posibilidades que nos sacarían de "lo que no debería existir". La esperanza nos permite escapar de la cárcel del tiempo cerrado.[7]

Espero que este canto a la esperanza sea tan impactante para el lector como lo ha sido para mí. Que le sirva para encontrar sentido y esperanza, para conocerse mejor a sí mismo, comprender mejor a ese compañero de la vida que es el dolor, pues, como decía Viktor Frankl: "El hombre que no ha pasado por circunstancias adversas realmente no se conoce bien".

José Antonio Lozano Díez
Ciudad de México, marzo de 2025

---

[7] Byung-Chul Han, *op. cit.*, tomada del libro electrónico posición 11 de 101.

1

ES LO QUE HAY

"Es lo que hay"… nos respondió aquel año un mesero español cuando seis miembros de la familia llegamos a comer con gran antojo y entusiasmo por los buenos comentarios que habíamos escuchado de ese restaurante.

Al llegar, pedimos una mesa para seis personas, y con ese acento español tan único y directo nos respondió: "Tenemos una mesa para cuatro, y es lo que hay".

Nuestra primera reacción fue insistir en que una mesa para cuatro personas no resolvía nuestras necesidades, así que volvimos a preguntar: "¿Y si regresamos en un par de horas, habrá una para seis?". Y la respuesta no se hizo esperar: "Mire, en este lugar solo tenemos mesas para cuatro, así que usted decida si se queda o se va".

Y quedando muy clara la única opción que teníamos, no dudamos en tomar dos mesas y disfrutar esa comida, sin detenernos a pensar más en la mesa para seis.

Lo que en su momento fue para mí una anécdota, conforme han pasado los años se ha ido convirtiendo en una manera de vivir, en una filosofía que es mucho más difícil de lo que parece a primera vista, y tiene que ver con aceptar la realidad tal cual es, con reconocer que "es lo que hay".

Cuando escuché de aquel mesero seguro y orgulloso de su trabajo la expresión "es lo que hay", muchos acontecimientos no habían sucedido en mi vida, en especial, no había recibido una visita a la que JAMÁS invité y por tanto di por hecho que no vendría jamás.

"Es lo que hay" es abrazar este presente tal cual es, y en este presente habrá personas, situaciones, circunstancias y cosas que nos gusten, o que por diversas razones no queremos que cambien, y habrá muchas otras que nos puedan disgustar, provocarnos dolor, sufrimiento, rechazo e insatisfacción, pero si negamos la realidad del hoy, del presente, no solo nos quedaremos paralizados y tomaremos muy malas decisiones —si es que acaso las tomamos—, sino que tendremos una vida llena de frustraciones, reclamos y búsqueda incesante de culpables por aquello que nos disgusta o nos lastima.

"Es lo que hay" nada tiene que ver con conformarnos, con resignarnos y menos aún con quedarnos en la frustración, la pasividad o la queja permanente, es justamente lo contrario. Aceptar la realidad tal cual es resulta un paso indispensable para la liberación, para escapar de un pasado que ya no existe y en el que solemos instalarnos a menudo, particularmente con nostalgia y dolor. O bien, elegimos la ansiedad y la angustia por un futuro que aún no ha llegado pero que ya está en nuestro cerebro y nos impide aceptar y vivir el presente y la realidad.

Carl Jung advertía que "lo más aterrador es aceptarse a uno mismo por completo", pero afirmaba también que "quien mira su interior despierta".

Hoy caigo en cuenta de que, al vivir tantos años sin dolor, di muchas cosas por sentado y no me detuve a valorarlas lo suficiente, ni agradecerlas con la alegría y la frecuencia que merecían.

Siempre me ha gustado vivir con intensidad, porque es mi manera de sentir la vida, de sentir mi cuerpo y de saber si ese día logré algo más o no hice todo aquello que estaba apuntado en la lista, en esas famosas y cotidianas listas que muchos solemos hacer.

Desde estudiante, amaba sentir esa adrenalina, así que trabajaba y al mismo tiempo asistía a la universidad, y para lograr cumplir con ambas encomiendas llegué a pedir permiso a uno de mis profesores para no asistir a sus clases de medio día y presentarme puntualmente a los exámenes. Mis compañeros de clase generosamente me compartían sus apuntes, y yo estudiaba esos apuntes y los libros que nos indicaba el profesor, pues me había advertido que si mi rendimiento era bajo, ese permiso llegaría a su fin.

Nadie me pedía seguir esas rutinas, incluso en una ocasión el director de la consultoría en la que trabajaba, el licenciado Alejandro Covián, a quien recuerdo con gran afecto, me mandó llamar para preguntarme si no tenía yo un hogar para vivir, pues cuando cancelaban mi clase de las 7 a. m. de la universidad me iba directo a la oficina y despertaba al vigilante para poder entrar, y en este tenor fui construyendo mi vida y mi día a día.

En mis treintas amaba dar conferencias y sentir las emociones del auditorio y las propias. Recorrí por vez primera casi todo el país y conocí a personas extraordinarias y organizaciones ocupadas de sus colaboradores y consumidores, tanto en México como en muchos otros países de América Latina.

Mis primeras conferencias fuera del país empezaron en Perú, cuando el grupo terrorista Sendero Luminoso[1] mostraba su poderío. Aún recuerdo la primera visita, cuando al llegar a un pequeño hotel en la zona de Miraflores fui acompañada a mi habitación por un militar armado que revisó el pequeño clóset y el baño para cerciorarse de que no hubiese nadie escondido ahí. Esa misma noche me despertó un temblor en Lima, y cuando marqué a la recepción para saber qué debía de hacer, una voz amable me respondió: "Señorita, usted vuelva a dormir; sí se movió todo, pero ya pasó".

También recorrí Colombia, cuando Pablo Escobar y el cártel de Cali operaban en grandes territorios. Viví esa Colombia dando conferencias en casi todas sus ciudades, aprendiendo de su inigualable espíritu emprendedor, del Sindicato Antioqueño, formado por grandes empresas, y también conocí las historias de secuestros, la imposibilidad de viajar por carreteras, así fuesen tramos

---

[1] Sendero Luminoso no es el último remanente del movimiento guerrillero de finales del siglo xx de Perú. Continuó sus actividades a través del Militarizado Partido Comunista del Perú (MPCP), liderado por los hermanos Quispe Palomino.

muy cortos, y ese miedo de que en cualquier momento algún acto terrorista pudiera acontecer, particularmente en Medellín o Bogotá.

Recuerdo que cuando llegaba a México a conversar con diversos grupos sobre estas experiencias en Colombia, invariablemente las respuestas eran las mismas: "Eso aquí jamás va a suceder, porque somos un país de tránsito", e incluso en una ocasión alguien ya molesto me dijo: "Mira, Josefina, eso que nos cuentas suena a que eres como una agorera del desastre, y nosotros nada tenemos que ver con narcotráfico y menos aún con ese tipo de criminales, nuestro país está totalmente blindado y jamás enfrentaremos ese riesgo".

Suele pasarnos en nuestra vida cotidiana que cuando escuchamos sobre adversidades que están viviendo en otros países, o bien sobre desafíos que por diversas razones enfrentan personas que conocemos, nuestra primera reacción y pensamiento es creer que eso jamás nos sucederá a nosotros, porque o somos más listos que los demás o porque simple y sencillamente damos por hecho que tenemos el poder para evitarlo, y entonces elegimos no escuchar. Optamos por no ver, por no escuchar, por ser ajenos y distantes, porque así nada debemos hacer, y al final nos damos media vuelta pensando: pobre tipo o país, pero eso a mí jamás me sucedería.

Mis conferencias me llevaron a conocer realidades, culturas y momentos históricos en distintos países. Amaba hacerlo, pero la intensidad siempre estaba ahí presente.

Siempre dije que no cuando me invitaron en múltiples ocasiones a conocer Machu Picchu en Perú o las Galápagos en Ecuador, o algunas cordilleras en Bolivia, porque mis tres hijas eran pequeñas, así que abordaba un avión que me permitiera llegar apenas unas horas antes de mi conferencia y enseguida regresaba al aeropuerto para tomar el primer vuelo a México. Fueron jornadas maratónicas, y me siento feliz de haber regresado de inmediato en todas las ocasiones, porque esos tiempos con la familia me han recompensado con creces, y aparte mi cuerpo lo resistía a la perfección, a tal grado que di por hecho que así sería siempre. Otras cuestiones me preocupaban y ocupaban, entre ellas todas las maniobras que llevamos a cabo cada día las mamás y en ocasiones también el temor de visitar ciertas ciudades en donde la narcoguerrilla gobernaba, pero mi salud jamás apareció entre esas inquietudes.

Una de las experiencias que más recuerdo en este caminar dando conferencias fue cuando el grandioso Chino Ley[2] me invitó a Culiacán a dar una plática a los Tomateros.

---

[2]Juan Manuel Ley (el Chino Ley) es hijo de un inmigrante chino. Asumió las riendas de la compañía fundada por su padre en 1969, tras la muerte de Lee Fong, y un año después abrió su primer supermercado en Culiacán. Aficionado al beisbol, Juan Manuel Ley es fundador de la franquicia de los Tomateros de Culiacán, que ha ganado títulos de la Liga Mexicana del Pacífico y de la Serie del Caribe. Nació el 17 de febrero de 1933 en Tayoltita, Durango, ciudad a la que se mudó su padre, Lee Fong, en los años treinta, luego de la campaña contra inmigrantes que había en Sinaloa.

Por supuesto acepté, no solo porque esa era mi principal actividad sino porque admiraba y le tenía gran aprecio al inigualable Chino Ley.

Vaya lección que estaba a punto de aprender, pues al ser Sinaloa un gran exportador de jitomate di por hecho que hablaría frente a los productores de este preciado fruto, por lo que me preparé con datos duros sobre las áreas cultivadas, las exportaciones, los principales desafíos del mercado y todo lo que se pudiera para ofrecer una gran conferencia.

Llegada la hora, me llevé una gran sorpresa, al ver entrar al Chino Ley con su enorme sonrisa acompañado por el grandioso equipo de beisbol los Tomateros de Culiacán, así que en un breve momento tuve que recordar todo lo que mi papá me había enseñado sobre el beisbol, para así salvar la conferencia y hablar de bases por bolas, del diamante, los hits, jonrones y strikes. Nunca olvidaré esos minutos. Tuve que cambiar todo en unos cuantos segundos, pues ya estaba frente a ese equipo deportivo y no tenía manera de hacer algo distinto, esa era mi realidad y había que resolver de inmediato.

Aunque salí bien librada, nunca volví a dar por hecho que mis suposiciones correspondían a lo que mis clientes necesitaban, así que es muy sabio aquello de que quien pregunta no se equivoca.

Esa noche en una cena de gala tuve el privilegio de compartir con el gran Fernando Valenzuela, que estaba en la cúspide de su carrera, y conocí historias de mujeres sinaloenses, todas ellas emprendedoras extraordinarias.

Las conferencias me permitieron viajar por casi todos los países de América Latina y algunos de Europa, cada una de ellas me significaba un desafío y una enorme oportunidad para aprender.

En Medellín, al terminar una de mis conferencias, se acercó una empresaria de la industria editorial de Colombia y me propuso escribir un libro para mujeres; mi respuesta inmediata fue que yo no era psicóloga o pedagoga, pero ella me atajó diciendo: "No importa tu profesión, eres mujer, y con eso basta".

Y así empezó la aventura que me llevó a escribir y publicar un libro que ha significado mucho en mi vida, por ser el primero de varios, porque ninguna editorial quería publicarlo, pues temían que nadie quisiera comprarlo debido al título, que consideraban muy provocador. Lo escribí partiendo de historias que desde niña conocía de otras mujeres, y el título, que llevaba un par de meses sin poder redactarlo, me lo obsequió sin saberlo una amiga de mi mamá que recién había enviudado luego de estar casada con un hombre excepcional a quien tuve el privilegio de conocer. Coincidí con ella seis meses después de la muerte de su esposo y al verla me sorprendí por su amplia sonrisa y más aún por su respuesta al preguntarle cómo se sentía: "Mira, yo fui muy feliz en mi matrimonio, pero hoy también le agradezco a Dios por mi viudez, porque hago lo que quiero, a la hora que se me antoja, así que gracias a Dios estuve casada, y gracias a Dios soy viuda y estoy feliz y en paz".

Fue así, sin imaginarlo, que me ayudó a encontrar el título preciso de mi libro, que por cierto nada tiene que ver con desaparecer a marido alguno, sino con ser viudas de la misma resignación, la espera infructuosa y pasiva, el conformismo, viudas de pedir permiso a otros, o bien de elegir ser víctimas en lugar de protagonistas de nuestras vidas.

Ese libro, cuya primera edición se publicó en Colombia y luego en México, significó todo un desafío.

Finalmente, cuando un editor aceptó publicarlo, sin mi autorización cambió el título y la portada, y frente a mi reclamo lo único que respondió fue que si yo quería ese título original debía pagar la portada y hacerme cargo de su "fracaso". Por supuesto, terminé pagando la portada de mi libro, y frente a todas las advertencias de fracaso, *Dios mío, hazme viuda por favor* se convirtió en un *best-seller* con poco más de un millón y medio de ejemplares vendidos.

Jamás lo escribí pensando en que eso sucedería, pero siempre tuve fe en que ese texto podría interesarles a algunas mujeres.

Gracias al trabajo intenso y a mi participación en diversas cámaras empresariales y organizaciones de la sociedad civil, años más tarde, con la confianza y el respaldo del expresidente Vicente Fox en el año 2000 y del expresidente Felipe Calderón en 2006, ocuparía como mujer y por vez primera en la historia de México bajo gobiernos panistas la titularidad de la Secretaría de Desarrollo Social y después la de Educación Pública.

Pude conformar un equipo de trabajo con gran talento, enorme compromiso y pasión, y siempre estaré agradecida con todas y todos aquellos que me brindaron su confianza, su apoyo irrestricto y en especial su amistad y compañía.

Eran mis cuarentas y mis cincuentas y yo sentía que controlaba mi agenda, que podía trabajar tantas horas como fuese necesario, incluso visitar tres o cuatro estados en un solo día para construir acuerdos con las y los gobernadores, también vivía el desafío para estar presente con la familia y cargaba con esos sentimientos de culpa que tan frecuentemente nos acompañan a las mamás, en fin, hacía lo que millones de mujeres llevamos a cabo a diario para construir nuestros sueños y lograr el mejor equilibrio o el menor desajuste posible entre la vida familiar y la laboral.

En todos esos años siempre di por hecho que yo "controlaría" mi agenda, mis tiempos, las giras de trabajo, los mensajes, la convivencia en familia y todo aquello que iba surgiendo día a día.

En 2012 tuve la oportunidad histórica y el privilegio de que luego de ganar una contienda interna en mi partido fui a competir por la presidencia de la República. Estar en esa boleta electoral ha sido uno de los mayores privilegios y responsabilidades de mi vida. Conservo cada instante de esa campaña presidencial, en especial la intensidad de las giras por todo el país que me permitieron estar cerca de miles de personas, y escuchar sus propuestas, sus retos y adversidades, sus sueños y frustraciones, sus esperanzas y el enorme compromiso para hacer de México no solo el mejor lugar para nacer, sino también el mejor lugar para vivir.

La campaña por la presidencia de México me dejó grandes lecciones en todos los ámbitos de mi vida y experiencias únicas e invaluables. A la vez fortaleció el sentimiento de que yo podía controlar, ordenar, organizar mi agenda cada día y hacer las cosas a mi manera. No haber obtenido el triunfo fue un duro golpe que me llevó meses procesar, y entre muchas reflexiones y lecciones quiero destacar la que mis tres hijas me enseñaron y se las quiero agradecer por siempre.

Estaba tan ensimismada y tratando de procesar todo lo vivido, que haciendo largas caminatas encontraba serenidad y momentos para reflexionar. Había días en que caminaba hasta 12 horas, y sin darme cuenta, ellas se turnaban para acompañarme, para nunca dejarme sola, y resultó que los papeles se invirtieron, pues ellas cuidaron de mí, ellas iban resolviendo el día a día y amorosamente caminaban a mi lado sin queja alguna. Así que en la vida existen etapas en que los roles se cambian y nos ayudan a seguir adelante y a superar desafíos. Pasada esa etapa regresé a buscar esa intensidad en la que siempre había vivido.

Pero justo antes de entrar a los sesenta todo empezó a cambiar. Los pedestales del control en que me sentía instalada se fueron cayendo a pedazos, y en unos cuantos días ese control que me daba certezas y seguridad se desvaneció con gran rapidez.

2

UN INVITADO INESPERADO

Una mañana de mayo de 2021, haciendo ejercicio, sentí un ligero dolor en mi muslo derecho y, obviamente, solo pude concluir que era consecuencia de un mal movimiento, pero para junio levantarme de mi cama era cada día más complicado, porque ese invitado llamado dolor decidió no solo visitarme sino quedarse a vivir en mi cuerpo, y entonces la intensidad cambió de manos y el control de mi agenda y de mi vida también.

Este dictador, llamado dolor, se hacía cada día más intenso para poco después volverse insoportable.

Mi vida dio un giro inesperado que derrumbó mucho de todo aquello que yo sentía seguro, de todo aquello que yo creía controlar y manejar a mi manera, para cederle el paso, en contra de mi voluntad, al dictador que pedía todo para él, mi tiempo, mis pensamientos y mis fuerzas.

Sentí el rigor y tuve que doblegarme para reconocer que yo controlaba cada vez menos de mi vida. Que en realidad no controlaba casi nada.

Primero fueron renuncias que me parecían muy grandes, como dejar de correr y quedarme con muchos medios maratones en mi lista de deseos, pero estas primeras renuncias se volvieron nada cuando llegó el momento en que ya no podía cargar a mis nietas, cuando fue necesario usar una silla de ruedas para poder avanzar unos cuantos metros de distancia, y entrar al mundo de los opioides para intentar aliviar un dolor que lejos de ceder se imponía con toda su fuerza.

En menos de tres meses todo había cambiado en mi vida, era como si de pronto todo se hubiese suspendido. Ese dolor insoportable solo aceptaba quedarse en cama, porque cualquier otro movimiento resultaba imposible. En unos cuantos días perdí por completo el control que por años había vivido como "normal", y empecé a reconocer con enorme frustración y enojo que el reloj de mi vida se había detenido de pronto y que nada importaban mis planes, porque simple y sencillamente no podía hacerlos realidad.

Toda mi familia se volcó para ayudarme. Primero fui a terapias, dando por hecho que el dolor era consecuencia de un mal movimiento en el ejercicio; cuando el dolor aumentó, acudí con un experimentado especialista para revisar mi cadera, y esa fue la primera de muchas otras entradas al quirófano.

Si bien se descartó colocar una prótesis, el procedimiento que me realizaron fue doloroso y pasé un tiempo usando muletas. Pasados unos días, me inyectaron un líquido, con el propósito de ayudar a que el dolor disminuyera, y hasta la fecha ha sido uno de los procedimientos más terribles que he vivido. Mientras me inyectaban ese líquido sentía que la zona de mayor dolor explotaba, y frente a mis doctoras y doctores lloraba porque sentía que no soportaba más.

Ese procedimiento no funcionó y sí agudizó el cuadro que ya vivía, por lo que empecé un ciclo de terapias buscando alivio, pero ninguna de ellas pudo ayudarme a recuperar al menos algunos pedazos de esa vida que yo daba por hecho tan solo unos meses atrás.

Recuerdo, como si fuese ese día, cuando me presenté al hospital y busqué al director, a quien tenía el privilegio de conocer por su profesionalismo y gran calidad humana. Ese día preferí no avisarle a nadie de mi familia, porque ya todos estaban bastante preocupados, y aunque no me lo decían, yo sabía que sufrían por no saber cómo ayudarme o a quién acudir.

Cuando el director del hospital salió a mi encuentro le pedí que por favor me internara y me ayudara a quitarme ese dolor. Todo sucedió muy rápido, y cuando ya estaba en la cama del hospital le avisé a mi familia. Si alguien me hubiese dicho que algún día iría a pedir que me ingresaran de urgencia al hospital y que no quería salir de ahí hasta encontrar la causa de este dolor y el camino para curarlo, simple y sencillamente no lo habría creído, pero ahora lo que me doblegaba estaba fuera de mis manos y de mi voluntad.

Fue una estancia larga en el hospital, primero buscando la causa y después visitando con frecuencia la Clínica del Dolor. Para mí todas estas eran "primeras veces".

En la Clínica del Dolor se atendía a enfermos con cáncer y otro tipo de enfermedades, así que el personal tenía una gran experiencia y una capacidad de entrega, empatía y solidaridad con los pacientes. Aun antes de la sedación para infiltrar el muslo de mi pierna derecha, ya empezaba el alivio del alma, la certeza de estar con personas excepcionales y la bendición de que, al finalizar las infiltraciones, que llegaban a sumar hasta 60 en una sola sesión, tendría días con menos dolor.

Ningún estudio ayudó a identificar la causa, así que empecé un tratamiento con fuertes opiáceos que generaban algunos trastornos en mi organismo, pero eran efectivos para bajar la intensidad del dolor.

Tanto las infiltraciones como los opiáceos surtían sus efectos, pero conforme pasaban las semanas resultaban insuficientes y los periodos de alivio eran cada vez más cortos.

Aprendí a inyectarme y a usar parches de morfina para asistir a mi trabajo y recuperar un mínimo de esa normalidad que por décadas había vivido y hoy valoraba más que nunca. Algunos días debía inyectarme hasta cuatro dosis para poder transitar el día. Fue justo en ese periodo que empecé a usar la silla de ruedas, pues caminar distancias cortas me resultaba cuesta arriba. Desconozco las consecuencias en otros pacientes, pero en mi caso los opiáceos me ayudaban a seguir adelante y a la vez me provocaban fuertes náuseas y tenían algunos otros efectos.

Recuerdo que hice un viaje con mis papás y mis hermanas, el cual era una tradición familiar. De esos cuatro días, al menos dos me quedé sentada en mi silla de ruedas mientras ellos hacían sus actividades, pero siempre pendientes y además amorosos. Fue el primer viaje en que se me hicieron bolas los sentimientos, porque por un lado gozaba de su compañía y alegría, pero por otro, a ratos solo quería cerrar los ojos y aparecer en mi cama para que el dolor ya no se ensañara más conmigo. Y también sentía la preocupación e impotencia de mis papás y mis hermanas para ayudarme, y todo este coctel me resultaba difícil de procesar.

En la Clínica del Dolor probaron distintos métodos, pero ninguno lograba mantener el dolor a raya, mientras tanto seguía la búsqueda infructuosa de la causa que desataba todo esto en mi organismo.

Hasta el día de hoy mis visitas al quirófano suman ya un par de decenas, incluida la de hace 24 horas, justo un día antes de cerrar 2024. Cuando empiezo a creer que el dolor me ha dado una tregua, muy pronto se encarga de recordarme que no se ha ido, y apenas hace dos semanas decidió volver con todo su poder.

Hace tiempo decidí que frente a cada proceso médico, los cuales han sido de muy diversos tipos e intensidades, tendría cien por ciento de fe y cero expectativas.

Puede sonar contradictorio, pero justo esta fórmula es la que me ha mantenido a flote.

Aprendí, después de algunos tratamientos, que cuando daba por hecho que el ciclo del dolor había llegado a su fin, pocos días o meses después este dictador regresaba con todo su ímpetu, emocionalmente me derrumbaba y volver a empezar me resultaba cada vez más difícil.

Aprendí a moderar mis expectativas respecto al dolor, sabiendo que, después de casi cuatro años, nadie conoce la causa, y no obstante tantos esfuerzos médicos, un amor sin límites de mi familia, de entrañables amigos y el empeño personal, simple y sencillamente, el control del dolor estaba fuera de mis manos.

Al igual que muchos otros pacientes, experimenté toda clase de tratamientos, desde aquellos en quirófanos con especialistas de primer orden, hasta consumir dosis de veneno de alacrán y métodos alternativos que resultaban menos invasivos, pero ninguno de ellos ha logrado el objetivo hasta la fecha.

Justo hace unas horas, terminé una consulta con uno de mis extraordinarios médicos, para reiterarme que el dolor se quedará conmigo el resto de mi vida, pero seguiremos trabajando para aminorarlo tanto como sea posible, ese es su objetivo y ese es mi anhelo también, pero regreso a mi cien por ciento de fe y mis cero expectativas, para así recibir cualquier alivio como una extraordinaria bendición, porque "es lo que hay".

Tengo claro que en mi vida la expectativa de cero dolor —hasta el día de hoy— está descartada y que a eso se refería mi tan querido y reconocido doctor Julio Frenk cuando decía que "la salud es no sentir el cuerpo", pues si te duele un pequeño callo y ya no se diga una muela, sientes el cuerpo y debes atenderlo, porque, por muy pequeña que sea la molestia, eso nos recuerda que el cuerpo existe.

Durante estos años he aprendido que cada instante de la vida es un milagro, que cada día sin dolor es el paraíso y que cuando me viene a visitar, y siempre lo hace sin previo aviso, y se instala en mi cuerpo eso "es lo que hay". Aunque a ratos me cuesta aún mucho, hago todo por vivir con la normalidad que mi dictador permita y con las mínimas renuncias posibles, porque hubo un tiempo en que, buscando un mayor alivio, la lista de prohibiciones era cada día más grande, hasta que, en una consulta con otro de mis grandes médicos y amigo, resolvimos que esas renuncias no tenían un impacto significativo en la intensidad del dolor, y en cambio sí afectaban mucho mi estado de ánimo y mi voluntad para recuperarme, así que rompimos la lista de prohibiciones, la dejamos en el olvido, y fue el inicio de una etapa mucho más feliz y plena.

Reconozco que este proceso ha sido muy adverso y hubo momentos en que llegué a sentir que no podía más. Todavía, cuando durante días el dolor no se quiere ir, paso horas difíciles, en las que no obstante la compañía amorosa de mi familia y mi fe en Dios, siento una profunda soledad y tristeza. Lo comparto porque "es lo que hay", y porque lidiar con el dolor a ratos es muy complejo y pega fuerte en el estado de ánimo, más aún cuando no se conoce ni la causa ni el remedio. Ahora comprendo a cabalidad aquello que solemos decir con cierta ligereza: "La vida puede cambiar en un instante", lo cual es absolutamente cierto.

He tardado muchos meses para poder escribir estas líneas, porque hubo momentos en que no tenía el ánimo ni la fortaleza para hacerlo. En mi caso, esta enfermedad, que entra en el catálogo de las llamadas "raras", no es posible visibilizarla en estudios que sí son capaces de ayudar a mejores y más rápidos diagnósticos en otros padecimientos. En el mundo se estima que existen cerca de 6 000 enfermedades raras, que en realidad deberían mencionarse como de baja prevalencia, es decir, son enfermedades que atacan a porcentajes muy pequeños de la población, no obstante, alrededor de 300 millones de personas enfrentamos este desafío.

Ni en las resonancias más sofisticadas es posible detectar lo que está sucediendo en mi organismo. Hay testimonios de pacientes que comparten la dificultad para que les crean lo que están sintiendo, o incluso hay pacientes que terminan en hospitales psiquiátricos, porque quienes los rodean llegan a la conclusión de que su mente está inventando estas historias de dolor.

Es común que cuando comparto con alguien que soy paciente de una enfermedad rara, instintivamente se hacen para atrás, como temiendo un contagio. La verdad es que en casi ninguna escuela de medicina se enseña sobre estas enfermedades, y por eso diagnosticarlas es sumamente difícil, pero un diagnóstico a tiempo hace la diferencia, incluso entre la vida y la muerte.

Al igual que la mayoría de las personas, no tenía la más remota idea de estas enfermedades, pero ser paciente de una de ellas me ha llevado a estudiar otras más que trastocan la vida de niñas y niños, recién nacidos y hasta personas adultas. Algunas se manifiestan a cualquier edad y otras tienen sus propias características, pero todas suelen ser muy dolorosas y un buen número de ellas son incapacitantes e incluso mortales.

Recuerdo cuando en una ocasión estaba a punto de entrar con un grupo de niños que padecían distrofia muscular de Duchenne y los acompañaban sus mamás, pregunté por teléfono a una muy reconocida neonatóloga sobre las consecuencias de esta enfermedad rara, y después de unos segundos de silencio me respondió: "Dales un mensaje muy cariñoso y solidario, porque lo más seguro es que ninguno de ellos sobreviva". Respiré profundo antes de entrar a darles un abrazo; la mayoría eran niños muy pequeños que vivían en sus sillas de ruedas. Ese día pedí por todos ellos y sus familias, en especial por sus mamás, porque era notable su agotamiento físico y emocional, ese dolor terrible de saber que no hay cura para esta enfermedad.

En México son reconocidas como enfermedades raras apenas unas cuantas; urge ampliar ese catálogo, así como la investigación, la formación de profesionales en la materia, los diagnósticos tempranos y las medicinas y tratamientos que se necesitan para poder acompañar y dar calidad de vida a miles de pacientes.

Uno de los testimonios que más me ha conmovido es el de un niño que cursando la primaria empezó a sentir dolores insoportables en la muñeca de su mano derecha, y tanto sus papás como sus maestros atribuían las quejas del niño a que era un flojo y se las inventaba para no hacer sus tareas. Incluso le pegaban para que se "dejara de pretextos". Afortunadamente un médico pudo diagnosticarlo como paciente con síndrome de Sudeck y una intervención quirúrgica logró cambiar la historia de su vida.

Inés Ramos es mamá de una niña con esta enfermedad y a su vez es secretaria de la Asociación Española de Síndrome de Sudeck. En una entrevista reciente hablaba sobre la incapacidad que puede llegar a provocar y sobre la intensidad del dolor: "Es el dolor más alto catalogado, son seis puntos por encima de la amputación de un miembro y la medicación no es efectiva en la gran mayoría de los casos". Cuando habla de su pequeña hija comparte lo siguiente: "Es la impotencia de no poder ayudarla, de no encontrar respuesta, y todos los efectos secundarios de la medicación, la mayoría de las veces se administran opiáceos y corticoides. En una niña pequeña significa exclusión, pérdida de ilusión y no entender qué pasa. No poder estar con sus amigos y salir es bastante difícil. Tanto ella como la familia necesitamos apoyo en terapias psicológicas y psiquiátricas. Hasta ahora toda la medicación es para paliar el dolor. Falta mucha investigación".

CUANDO PEDÍ AYUDA PARA YA NO ESTAR

Recuerdo una noche internada en el hospital, faltando apenas unos días para la Navidad de 2021, en la que el director del hospital me hizo saber, después de algunos meses, que no encontraban la causa del dolor, así que iríamos a un proceso de descarte, lo que implicaba una intensa ronda de exámenes para ir eliminando de la lista aquello que no tenía.

Una de esas noches, ya agotada por el dolor, la frustración y el desaliento de no encontrar un camino de sanación, le pedí a mi doctor más cercano, que hoy es un amigo entrañable, que si esa iba a ser mi vida, me ayudara a detenerla, porque no quería vivir en esas condiciones.

Me escuchó con ese afecto y caridad que acarician el alma y solamente me sonrió y me abrazó muy fuerte. Al día siguiente, cuando mi papá fue a visitarme, pude hablarlo con él, y en su infinito amor y sabiduría, me respondió que estaba conmigo y que él pensaba también que la vida debía ser diferente. Nunca he vuelto a platicar con mi amado papá sobre esos momentos, aunque imagino también su dolor. Pero esa mañana abrazó mi vulnerabilidad y la poca esperanza que me quedaba en el alma y en el cuerpo.

Hoy puedo decir que ha sido de las pocas veces en que me he sentido muy feliz de que el doctor no atendiera mis peticiones y las ignorara por completo. Pero puedo comprender a quienes eligen no seguir más, porque el dolor o su condición física les han arrebatado la vida que tenían. Jamás juzgaría a nadie por esta decisión y estoy convencida de que debemos hablar de la muerte y mirarla como una parada obligada, como el día que con certeza llegará y nos convoca a vivir lo mejor posible y a gozar cada instante. No sabemos ni el día, ni la hora, pero inevitablemente llegará. En mi caso, sentir tan cerca este sentimiento de ya no poder más me ayudó a valorar como nunca la vida, pero también me ayudó a entender el agotamiento físico y emocional que provoca la pérdida de la salud.

Estoy convencida de que, así como hablamos de la vida, deberíamos hacerlo de la muerte, no con un propósito de sufrimiento ni de tragedia, sino como lo más certero que tenemos y que tampoco podemos controlar.

Por supuesto me estoy refiriendo a la muerte por edad, por enfermedad, que nos deja vacíos y desafíos personales dolorosos que debemos enfrentar.

Hay otro tipo de muertes que nos arrebatan a personas que amamos y dejan miles de preguntas imposibles de responder, como en el caso de alguien desaparecido por el crimen o de un suicidio. En estos y muchos otros casos el sufrimiento de sus familias y seres amados es terrible.

Cada muerte es única, como cada vida también lo es.

Tuve la fortuna de escuchar recientemente el podcast "Querida Valeria", que conduce extraordinariamente Carla Cardona y mantiene un diálogo con la reconocida tanatóloga Gaby Pérez, quien afirma: "Para mí la muerte es la graduación de la vida… Lo primero que tengo que decir es que nos mintieron vilmente con ese ciclo de vida que nos enseñaron en la escuela en donde naces, te reproduces y mueres, porque muchos mueren antes de nacer, y hoy muchos no se reproducen".

La experta tanatóloga comparte que es bueno que alguien muera queriendo vivir, que tenga planes. Prefiero que cuando la muerte llegue por mí me encuentre viva, y no que me encuentre esperándola. Es muy preocupante que el mundo está lleno de jóvenes que no quieren vivir. Gaby insiste en que es preferible que alguien muera queriendo vivir, a que alguien viva queriendo morir, porque eso demuestra que el tiempo que le fue concedido fue feliz, por eso se quería quedar. Lo que haces entre tu acta de nacimiento y tu acta de defunción es la vida.

No es lo que me faltó hacer sino todo aquello que hice y viví.

La tanatología ayuda a resignificar y a pararnos en un lugar distinto para ver el mismo suceso.

Gaby advierte también que tenemos la muerte que nos toca, no necesariamente la que merecemos. "He visto señores alcohólicos que el hígado lo tienen perfecto y he visto jóvenes deportistas a quienes les da cáncer de pulmón y en su vida han fumado".

Nos invita también a reconocer que "vivimos alejados de la muerte en nuestros hogares, la hemos puesto fuera, no queremos hablar ni escuchar de ella. Frente a la muerte, quienes se quedan, viven distintas etapas y hay quienes logran la aceptación.

Santa Teresa, nos recuerda esta especialista, decía: "No te mueras con tus muertos, vive por ellos".

Hay mucha más energía y positivismo en hacer de tu vida un homenaje a quien se fue, para ello necesitamos humildad. La humildad es indispensable para aceptar, porque en la vida tenemos esperanzas, pero no garantías.

Al final, la luz es honrar, porque la mente es muy hábil para encontrar el dolor, la culpa, el enojo, la rabia y el hubiera.

La tanatóloga nos comparte que acuñó el concepto de entrañar, que es tener contigo a quien tanto amabas, que no lo saques de ti; usar sus conceptos, sus frases, es siempre tenerlo contigo.

Entonces, la vida y la muerte son amigas, no son opuestas, ni enemigas.

El mexicano en general está muy cómodo con la muerte del juego de la lotería, con la catrina y el Día de Muertos.

Pero no así con la que toca la puerta de nuestra casa, esa la vemos como un castigo. Entonces, para comprender la muerte tenemos que comprender la vida.

La invitación de la tanatología es a vivir, a abrazar, a decir te quiero, a dar gracias, a perdonar.

Cuando escuché este podcast, que evidentemente contiene muchas más lecciones y experiencias de las que aquí menciono, sentí mucha paz y también tareas pendientes en las que debo trabajar.

He repetido muchas veces en estos años recientes que por lo general cuando se trata de un funeral encontramos la manera de cancelar las actividades de ese día para poder acompañar a la familia y estar cerca de quien ya se ha ido, pero paradójicamente nos cuesta mucho más encontrar tiempos y espacios en esa misma agenda para

disfrutar de la compañía y de la vida de quienes queremos.

Las consabidas expresiones de "nos hablamos", "luego nos ponemos de acuerdo", "un día de estos nos vemos" no hacen sino perdernos de esos instantes que tejen
a diario la vida con mayor felicidad y alegría.

Deseo compartir algunas estrofas de un par de com-
posiciones llenas de vida, de amor y de verdad. La primera justo se titula "Honrar la vida" y la segunda "Noches
de boda":

Honrar la vida

ELADIA BLÁZQUEZ

Eso de durar y transcurrir
no nos da derecho a presumir,
porque no es lo mismo que vivir
¡honrar la vida!

Merecer la vida es erguirse vertical,
más allá del mal, de las caídas…
Es igual que darle a la verdad
y a nuestra propia libertad
la bienvenida.

Noches de boda

Joaquín Sabina

Que el fin del mundo te pille bailando,
que el escenario me tiña las canas,
que nunca sepas ni cómo, ni cuándo,
ni ciento volando, ni ayer ni mañana.

Que las verdades no tengan complejos,
que las mentiras parezcan mentiras,
que no te den la razón los espejos,
que te aproveche mirar lo que miras.

Que no se ocupe de ti el desamparo,
que cada cena sea tu última cena,
que ser valiente no salga tan caro,
que ser cobarde no valga la pena.

Que el corazón no se pase de moda,
que los otoños te doren la piel,
que cada noche sea noche de bodas,
que no se ponga la luna de miel …

Hoy no vivo ni me siento en desamparo, porque el amor de mi familia ha sido la fuerza más importante para seguir, siempre presentes, siempre pacientes y haciendo hasta lo imposible para apoyarme. He pensado muchas veces qué pasa en la vida de aquellas personas que no tienen el amor de una familia o una red de apoyo, y solo puedo concluir que debemos ir a su encuentro, y que quienes sí la tenemos debemos sentirnos más que afortunados, bendecidos y agradecer, siempre agradecer.

El dolor, insisto, ha sido un gran maestro, me ha enseñado que controlamos muy poco y que necesitamos de la empatía, de la fuerza, caridad y comprensión de muchas y muchos otros; me ha enseñado lo vulnerable que soy, pero también me ha enseñado mi fuerza y mi voluntad para no rendirme, y me ha enseñado, muchas veces a regañadientes, a convivir con él de la mejor manera posible, sobre todo cuando decide instalarse nuevamente en mi pierna por varios días o incluso semanas. Ya no nos peleamos, o, mejor dicho, ya no forcejeo con él, ni me resisto. Ahora elijo pedirle que me ayude a que no sea tan intenso y a sobrellevar esos días de la mejor manera posible.

El dolor me ha enseñado que el amor está en el centro de cualquier paso hacia adelante, de cualquier recuperación, el amor de Dios, el amor de mi familia, el amor de mis amigos, el amor del personal de salud, el amor a la vida y el amor a lo pequeño, a eso cotidiano que cuando creemos ingenua y equivocadamente controlar casi todo, lo cotidiano nos parece insignificante, pero es justo lo más pequeño y sencillo lo que volvemos a abrazar en nuestros procesos de recuperación y adquiere un valor infinito.

Arthur C. Brooks, profesor de la Universidad de Harvard, afirma que "la felicidad no reside en conseguir todo lo que queremos, sino en saber discernir entre lo que podemos transformar y lo que debemos, con humildad y madurez, aprender a dejar".

Un artículo publicado recientemente por *National Geographic* da a conocer que en el podcast de Rich Roll este experto científico "articula una verdad que resuena con fuerza en tiempos de ansiedad colectiva: la clave del bienestar emocional no está en la conquista, sino en la aceptación. Al hablar del dolor y la pérdida nos enseña que el sufrimiento es inevitable, pero también advierte que hay un truco metafísico, una salida inesperada del túnel del dolor: ayudar a otro".

Y hace una muy clara distinción entre rendirse y resignarse: "Rendirse implica una forma activa de aceptación, un soltar con conciencia que nos libera del gasto inútil de energía mental en aquello que no está en nuestras manos". Al mismo tiempo, nos permite canalizar esa misma energía hacia lo que sí podemos cambiar: nuestras acciones, nuestras actitudes y nuestra forma de relacionarnos con los demás.

Una sabiduría vital, resume, "es saber dónde poner el esfuerzo y cuándo soltar el timón".

Mi objetivo no es romantizar el dolor, sino compartir con ustedes los procesos experimentados. Faltaría a la verdad si no comparto también cuando el dolor se convierte en un túnel de oscuridad, de silencios y de soledad. Primero, porque surge esa enorme frustración de no poder arrancar eso que lastima tanto, después porque reconstruir una nueva manera de vivir también exige energía y fuerza que el dolor consume y surgen las inevitables resistencias, y hay una soledad muy particular por varias razones, por aquellas personas que eligieron ya no estar cerca, porque en mi caso, y seguramente en el de miles de pacientes, no quiero ser el foco de preocupación de las personas que amo y entonces hay días que frente a la pregunta de cómo amaneciste la respuesta es "muy bien", aunque queramos gritar que pésimo y que ya estemos hartos de esos ratos o días que parecen interminables. Este túnel de oscuridad, no obstante el proceso de aceptación que he vivido y por el que trabajo a diario, surge en el camino, y el desafío es cruzarlo para ver nuevamente la luz. Son esos días en que nada te consuela, nada te conforma y te rebelas frente al dolor. Son esos días en que la tristeza se mete al alma y cuesta sacarla de ahí. Son esos días en que, aunque todos los demás están a tu lado, cuesta trabajo sentir su presencia y su calor. Son esos días en que sientes que ya no puedes más.

Amanece, siempre amanece, pero de que hay días oscuros, por supuesto que los hay.

3

CUANDO LA PRISA
GOBIERNA TU VIDA

> Disfruta de las pequeñas cosas, porque
> tal vez un día vuelvas la vista atrás y te des
> cuenta de que eran las cosas grandes.
>
> ROBERT BRAULT

En los días más adversos siempre recordaba los momentos con otros, las reuniones familiares, los paseos con las familias, a mis amistades más entrañables. Era como si el resto de mi vida se hubiese borrado de pronto para solo quedarme con esos momentos en donde la alegría y el amor eran los protagonistas.

Antes de 2021, correr o caminar muchos kilómetros era parte de mi vida y no me significaba algo excepcional. Sí lo valoraba y por supuesto lo disfrutaba mucho, pero entonces sentía que podía hacerlo una y otra vez, cuando tuviera el tiempo y la emoción para recorrer esas distancias.

Hoy, cada hora de caminata, cada día que vuelvo a vivir y sentir esa intensidad al practicar ejercicio es absolutamente excepcional y único, y lo atesoro con gratitud y alegría. No comparo lo que hoy puedo practicar con aquello que pude hacer en el pasado, no uso relojes para contar calorías ni tampoco llevo un récord diario de mis distancias. Solo disfruto y hago lo más y mejor que puedo, y cuando puedo hago un poco más porque eso "es lo que hay".

También atesoro los días que no son intensos y en los que el dolor y yo caminamos juntos al paso que me permite. Suelo pedirle que si ese día vamos a vivir en el mismo cuerpo tenga consideración y lo pasemos lo mejor posible, en ocasiones me da tregua, pero como es voluntarioso hay días en que decide quedarse más tiempo y con mayor intensidad, hasta llegar juntos al hospital, y no siempre consigo evitar que la frustración y la tristeza me invadan y siento un profundo vacío.

Mi tan querido y admirado doctor Kraus,[1] en su libro *Dolor de uno, dolor de todos*, con gran sabiduría y empatía advierte: "El dolor construye: ofrece escenarios inéditos y le permite a la persona mirar panoramas desconocidos. El dolor cuestiona primero y mueve después, son incontables las evocaciones que emanan del dolor".

---

[1] Arnoldo Kraus es médico, escritor y profesor de la Facultad de Medicina de la UNAM. Es miembro del Seminario de Cultura Mexicana y del Colegio de Bioética.

En el mismo texto el doctor Kraus transcribe la voz de un enfermo, abogado y escritor:

La enfermedad me ha ayudado a descubrir mi alter ego. Dije adiós a mis enseres, a mis cosas. La enfermedad desnuda, humilla, achica. Te despoja del yo, te muestra quién eres. Despojado dejé al viejo yo, al soberbio alter ego, y olvidé las palabras huecas [...] entiendo de otra forma la luz del amanecer. Cuando amanece, enfermo, frente a la luz del universo, regreso a mis entrañas.

El dolor ubica, le recuerda al ser humano que ni es inmortal ni es invulnerable, recordatorio que en muchos casos se traduce en movimiento y en creación.

La incertidumbre y el dolor transitan por senderos comunes; quien afronta y vive su dolor y entiende los sucesos del cuerpo enfermo, suele mejorar, o al menos encontrar algún consuelo; por el contrario, quien no confronta el problema padece más.

Para quienes quedan atrapados en las redes del dolor, la esperanza es poca.

Por paradójico que resulte, a este dolor le debo mucho, le debo una nueva mirada, una forma distinta de sentir y valorar los instantes, los abrazos, le debo pausas que nunca hice por años y le debo este intentar "vivir un día a la vez" sabiendo que siempre amanece y que ese amanecer afortunadamente no depende de mí. Hoy valoro y atesoro los días sin prisa, que me permiten observar y no solo mirar, que me ayudan a escuchar de mejor manera a mi propio cuerpo y también a quienes me rodean.

La prisa y esa adrenalina de la intensidad y de intentar resolver varios frentes al mismo tiempo gobernaron gran parte de mi vida, y valoro todo aquello que me permitieron construir y lograr, pero hoy he podido experimentar otros ritmos y cadencias que también valoro porque me han obsequiado algo así como unos lentes nuevos con otra graduación que me permiten observar e intentar atrapar y gozar lo que caminar tan de prisa me impidió detenerme a mirar y sorprenderme.

Es justo afirmar también que esta intensidad obedece en buena medida a la exigencia y escrutinio que en lo cotidiano vivimos las mujeres, y desde una posición de liderazgo estamos "obligadas" a demostrar que somos capaces y nos "merecemos" ese sitio que con esfuerzo y enorme trabajo nos hemos ganado. La maternidad nos enfrenta también a retos de cuidado y a pausas en lo laboral que los hombres no viven.

En países como el nuestro, en donde aún prevalecen patrones machistas y patriarcales, las mujeres pagamos costos y enfrentamos juicios que jamás se harían a un hombre. Hemos avanzado, pero aún nos falta mucho para una paridad verdadera en la toma de decisiones y en las posiciones reales de poder. Ejemplos sobran, y no son motivo de este libro, pero debemos seguir visibilizando estas inequidades y presiones extraordinarias, porque todas ellas son evitables y también injustas e inaceptables, sin embargo "es lo que hay", y aceptarlo debe ser el motor más importante para que estas realidades cambien.

En esta etapa de mi vida mis nietas llenan mi vida con sus risas y me asumo como una abuela loca de amor por ellas. Sin saberlo, me han ayudado a ir recuperando esa niña que fui algún día y que también fui olvidando en algunas etapas de mi vida. Estar con mis nietas es mi mejor terapia de amor y cambian todo mi universo. Ahora entiendo a mi querido Catón cuando afirma que "de haber sabido lo que serían sus nietos, se hubiera saltado a sus hijos"; obviamente no es mi caso, y seguramente tampoco es el de Catón, porque mis hijas son mis aliadas más amorosas y de tiempo completo, pero también es cierto que la *abuelez* nos enseña nuevas y distintas dimensiones del amor.

Recuerdo la emoción y el orgullo de Catón cuando me mostró hace años un *collage* que tenía en el mejor lugar de la sala de su casa. Esa cartulina resumía un profundo orgullo y amor, porque en la escuela le habían encargado a uno de sus nietos hacer un *collage* de sus artistas o ídolos preferidos, y ese *collage* que tanto me presumió tenía muchas fotos e imágenes justamente de él. Catón, en esa tarea escolar, era para su nieto el ídolo que decidió plasmar y presumir frente a todos sus compañeros.

He aprendido a no tomar decisiones importantes cuando el dolor es muy intenso, gracias a Sergio, mi esposo, que en repetidas ocasiones me ha insistido en que es altamente probable que tomar decisiones en esas circunstancias me llevara a un escenario aún más complejo, así que poco a poco lo he ido consiguiendo, pues son momentos en los que uno quisiera desaparecer lo que tanto lastima. En lo personal me ha ayudado mucho repetirme que vivimos solo un día a la vez, que "es lo que hay" y que es solo por hoy.

Por eso con frecuencia recuerdo el extraordinario lema de Alcohólicos Anónimos: "Solo por hoy", y en su página oficial, al dar a conocer sus 12 pasos, en primer lugar se menciona este como el principio de un nuevo camino: "Admitimos que éramos impotentes ante el alcohol, que nuestras vidas se habían vuelto ingobernables".

Claramente, "admitir" es el primer paso y el más poderoso para poder continuar con los 11 restantes. Esta admisión, este paso definitivo, ha sido el inicio para que más de seis millones de personas en el mundo logren superar el alcoholismo.

Buscando un poco más en sus lecturas, encontré varios propósitos que se desprenden del "solo por hoy". Aquí les comparto el primero de ellos que publican desde el grupo Al-anon, que es una agrupación de parientes y amigos de alcohólicos que comparten sus experiencias, fortalezas y esperanza para encontrar solución a su problema común: "Solo por hoy trataré de pasar el día sin esperar resolver el problema de toda mi vida en un momento. Solo durante doce horas puedo proponerme algo que me espantaría si creyera tener que seguir haciéndolo durante toda la vida".

Gracias al dolor he conocido seres humanos extraordinarios, he disfrutado momentos únicos y he sentido también el rigor de su dictadura sin piedad como queriendo recordarme que en esos terrenos yo no decido sobre su intensidad y permanencia.

Me ha enseñado que hay dolores mucho mayores que el mío y pacientes heroicos que han elegido aceptar su realidad y seguir trabajando cada día para mejorar sus condiciones de vida. Me ha enseñado que debo gozar cada instante y a saber diferenciar entre lo urgente y lo importante. Ahora tengo un universo que en algunas de sus fases se ha fortalecido y es más amoroso y cercano que nunca, y tengo ese otro de personas excepcionales que han elegido y se han encargado de hacerme saber que caminamos juntos.

Recuerdo una reunión con niños que padecen atrofia muscular, y en especial el mensaje de uno de ellos que, al hablar sentado en su silla de ruedas y ya con impedimentos significativos en algunas partes de su cuerpo, dijo lo siguiente: "Pues si la vida te da agua y te da limones, solo queda hacer agua con limón, porque eso es lo que tenemos".

El dolor, cualquiera que sea su causa, es una poderosa escuela de vida, y por supuesto que hubiese deseado no tenerlo dentro de mí, pero siendo esta la realidad y conociendo tantas clases de dolor, son inevitables sus huellas profundas y sus lecciones también. Conforme han pasado estos años, he aprendido también a ofrecer el dolor por alguna otra persona, porque me consuela sentir que así tal vez esa persona no vivirá un dolor tan intenso. El dolor divide tu vida en un antes y un después y te enseña a diferenciar entre lo valioso y lo útil, como bien afirma Jorge Serrato.[2]

Frente al dolor crónico que vive una persona debemos guardar en un cajón con un enorme candado las típicas expresiones de "échale ganas", "tú puedes", etc. Es mejor guardar silencio y estar ahí, acompañar y escuchar.

[2]La mentalidad que necesitas para salir adelante y tener éxito. https://www.youtube.com/watch?v=PEw3pE_Poao.

4

RESIGNIFICAR LA VIDA

> El dolor es inevitable,
> el sufrimiento es opcional.
> BUDA

> Lo que niegas te somete,
> lo que aceptas te transforma.
> CARL JUNG

Hace pocos días tuve la oportunidad de ver la entrevista de la periodista Oprah Winfrey con la gran actriz afroamericana, ganadora de múltiples premios y reconocimientos, Viola Davis.[1]

Realmente me impactó conocer su vida, especialmente las condiciones de pobreza y violencia extrema que vivió en su niñez y adolescencia. En febrero de 2023, Luis Pablo Beauregard, del periódico *El País*,

---

[1] https://www.netflix.com/mx/title/81592429 Oprah + Viola Davis.

al hablar también sobre la vida de Viola Davis, refirió que:

Viola creció en Central Falls, un diminuto pueblo de Rhode Island, al este del país. Llegaron allí por su padre, Dan, un violento alcohólico que golpeaba brutalmente a su mujer y que era cuidador de caballos. El hombre mudó a su familia porque allí se encontraban dos de los hipódromos más visitados del país, que vivían en ese momento una época de gloria. Pero aquella bonanza nunca tocó a la puerta de los Davis, que se instalaron en el 128 de la calle Washington. La artista afirma que el número 128 se convirtió en sinónimo del infierno en la tierra.

"Nunca entraba a la cocina. Las ratas se habían apoderado de los armarios y la mesa. El yeso de la pared se había caído, dejando al descubierto las tablas que sostenían unida la casa", señala Viola Davis en su biografía *Finding Me*.

"Después de leer el primer párrafo, supe que este iba a ser un libro que querría compartir con el mundo", dijo entonces Oprah Winfrey, la famosa presentadora de televisión.

Davis nació en una cabaña dentro de una plantación, donde sus abuelos habían sido esclavos. Su madre, Mae Alice, se casó a los 15 años con su esposo, de 22. Ninguno terminó la secundaria.

"Las ratas siempre salían de la nada. Podías estar sentada en el sofá viendo la televisión y, de repente, una saltaba al sillón u otra salía disparada de un hoyo en la pared y corría a esconderse debajo del sofá", escribe la actriz sobre su casa de infancia en Rhode Island, que carecía de calefacción o agua caliente en invierno. Allí fue abusada sexualmente por su único hermano varón, uno de los pocos recuerdos en los que no profundiza en un libro donde salda cuentas con un pasado doloroso.

Ella y sus hermanas se quedaban dormidas escuchando cómo los animales roían sus juguetes o se comían aves en el techo de la casa. Las niñas se cubrían el cuello con mantas para evitar que las mordisquearan.

En el contexto de la famosa entrevista, Davis afirma que "cuando te ofrecen compasión y empatía es increíble cómo se va la vergüenza, porque te ven [...] lo que yo buscaba era amor, un amor radical".

El amor tiene un poder radical.

Oprah reconoce su inquebrantable valentía y le pregunta:

—¿Para qué vives tú?

—Vivo —responde Viola— por mi paz y alegría, quiero ser feliz, y la felicidad es un viaje, no un destino, y vivo para ayudar a la gente a vivir mejor.

Cuando le toca el turno de hablar sobre la violencia que su padre le infligió a toda la familia, Oprah le pregunta si ya lo ha perdonado y ella responde:

—Mis padres hicieron lo que pudieron con lo que tenían.

—¿Fue difícil perdonarlo?

—Muchísimo, y me sigue costando, pero es una elección. Reconocí —afirma Viola Davis— que no podía cambiar el pasado y tenía que seguir adelante, todos intentamos lo mismo, hacer lo que podemos con lo que nos ha tocado y no, no hay más. Es aceptar aquello que ha sucedido, se trata de tu valentía para seguir adelante y crear la vida que quieres. Mi psicólogo me dijo que la vida tiene dos partes: hay que vivir con placer, gratitud y alegría, pero sabiendo que habrá momentos malos, y si eres capaz de encontrar un término medio y de entenderlo podrás sobrevivir. Lo más poderoso es que en la vida encuentras gente que te quiere, y esa gente que te quiere tal y como eres, con tus defectos, te da permiso para quererte a ti mismo.[2]

Esta es una historia tan poderosa en que la aceptación de su realidad, la decisión de no quedarse rumiando su pasado, la ha llevado a éxitos inimaginables y a una vida emocionalmente madura y capaz para construir felicidad, aceptando aquello que sí está en sus manos y aceptando también lo que no pudo ni puede controlar.

Es realmente una historia grandiosa e inspiradora, y les comparto que terminando de escuchar la entrevista de inmediato compré su libro *Finding Me*.

Aceptar nuestra realidad es lo contrario de quejarse, evitar, negar. Aceptar es el principio indispensable para transformar nuestra vida y ser capaces también de colaborar con otras personas, es la puerta de entrada para modificar aquello que está en nuestras manos y que anhelamos y queremos que suceda.

---

[2] https://elpais.com/cultura/2023-02-27/viola-davis-la-nina-que-crecio-en-un-infierno-infestado-de-ratas-para-despues-triunfar-en-hollywood.html.

El psiquiatra español Enrique Rojas, autor de diversas publicaciones y catedrático emérito de la Universidad de Extremadura, insiste en que las personas que construyen felicidad son aquellas que han sabido superar las heridas del pasado. Porque si te "atrapan los malos recuerdos del pasado, serás neurótico, resentido, tendrás una fuerte carga de dolor que no podrás olvidar". Por eso, los psiquiatras se dedican a practicar "cirugías estéticas del pasado".

Este famoso psiquiatra insiste en reconocer que la felicidad absoluta no existe y que dejar atrás las creencias sobre el amor romántico es fundamental, porque así podremos aspirar a una felicidad razonable, relativa, aceptando que el amor es un trabajo, es una tarea.

Y así como en esa entrevista a Viola Davis la define en gran medida su voluntad indomable, Enrique Rojas afirma que una persona madura llega más lejos que una persona inteligente, porque la voluntad, insiste, es la llave para que los sueños se hagan realidad y se aprende día a día.

Aceptar la realidad requiere de una buena ecuación entre el corazón y la cabeza, ser racionales y ser afectivos. Una persona que solo es sentimiento no puede ser feliz, tampoco la que racionaliza todo.

No hay felicidad sin amor, el amor es el argumento más grande de la vida, concluye Enrique Rojas.

Hace apenas unos días escuché decir a un hombre cuya vida es inspiradora, porque la ha dedicado a servir y a ayudar a miles de personas, que siendo el hijo número 13 de su gran familia, y siendo el más pequeño de todos, cuando alguna de sus hermanas o hermanos o él mismo se quejaban porque no les tocaba sentarse junto a la ventanilla del auto o por cualquier otra razón, la respuesta de su mamá era siempre la misma: "Confórmate", y fue muy claro también en señalar que era un "confórmate" de acéptalo, no de conformismo ni resignación.

En nuestra vida cotidiana de pronto nos peleamos y gastamos mucha energía con aquello que no tenemos poder ni para controlar ni para cambiar.

Quiero compartir la experiencia que viví hace poco en un país que permanentemente vive en conflictos y guerras. Al llegar al aeropuerto para empezar el camino de regreso a casa pronto cancelaron casi la totalidad de los vuelos, pues había caído un misil a tan solo unos metros de la terminal aérea, y pude observar todo tipo de actitudes, desde pasajeros furibundos hasta una muy joven mamá rodeada por cinco niños y sentada en el piso que jugaba y hacía actividades con ellos. Cuando le comenté a la joven mamá que admiraba su actitud, me dijo que se estaba conteniendo, pero que quería enseñarles a sus hijos pequeños que debían sobreponerse y buscar la mejor solución. Jugaba con ellos y les preguntaba también si estaban preocupados y los tranquilizaba. Supongo que dentro de ella había muchas inquietudes, pero se dedicó a dar certeza y alegría a los niños en medio de ese caos, lo cual fue una lección poderosa para mí.

Actualmente vivimos casi a diario con emociones que afectan nuestra vida de múltiples maneras. La depresión, la ansiedad y el miedo, entre muchas otras.

La depresión está íntimamente ligada al pasado y a la nostalgia, mientras que la ansiedad está ligada a ese miedo por acontecimientos futuros que no tenemos la certeza de que van a suceder, pero al pensar en ellos y construirlos en nuestra mente nos generan ansiedad y angustia.

Las emociones son propias del ser humano, el gran reto es aprender a gestionarlas y así poder colocarnos en el presente.

Me llena de esperanza saber que actualmente desde edades muy tempranas se habla cada vez más y se enseña a niñas y niños lo que son las emociones, y cómo responder frente a ellas. Reconozco que es mucho lo que falta por hacerse, pero sin duda es un paso alentador e indispensable.

Durante cientos de años la tarea más importante fue reprimir nuestras emociones o adjetivarlas como buenas o malas, como fortaleza o debilidad. Así, cuando un niño lloraba, la orden del adulto en turno era "los hombres no lloran", es decir, prohibido sentir. Mientras que si las mujeres queríamos ejercer tal o cual papel que no correspondiese a los roles tradicionales, la orden recibida era "las mujeres no hacen esto o aquello" o "debes hacerlo porque eres mujer y porque lo digo yo".

Así hemos crecido siendo en gran medida analfabetas en el aprendizaje sobre nuestros sentimientos y emociones, analfabetas emocionales y afectivos, y las consecuencias están a la vista.

Admiro mucho a Pilar Sordo, una mujer realmente fuerte y con gran sabiduría, que ha elegido transformar su vida enfrentando grandes y complejos retos. Ella ha acuñado diversas definiciones; algunas de ellas son cuando uno se sabotea, por ejemplo, "cuando te duchas no estás en la ducha, no estás sintiendo el agua porque ya estás pensando en qué te vas a poner; cuando te estás vistiendo, ya estás resolviendo lo que vas a desayunar, y cuando desayunas, estás pensando qué hacer al salir de casa, entonces nunca estamos donde estamos".

El "exceso de futuro" es la imposibilidad absoluta de estar en el presente y la respuesta del organismo es la angustia que provoca rigidez en nuestro cuerpo y afecta el sistema respiratorio. La otra consecuencia es la ansiedad, que nos lleva a un movimiento acelerado y disperso. Tanto la angustia como la ansiedad se acompañan por el miedo.

El "exceso de pasado" provoca en nosotros melancolía y tristeza, porque solemos pensar que antes éramos más felices que ahora; entonces, esta mujer extraordinaria afirma que "la única posibilidad de transitar el día en armonía es estando en el presente la mayor cantidad de tiempo posible, y solo así podremos expandir la conciencia y desde lo interno decidir, porque al final de lo único que se trata la vida es de tener conciencia, y todo, todo, todo es mucho más fácil".

Valoro mucho sus enseñanzas sobre el derecho que tenemos a mostrar y vivir nuestras emociones, a no ver la vida bajo un código binario del todo o nada, sino de vivir con todos los matices emocionales posibles y "darnos permiso de sentirnos vulnerables".

Los invito a conocer mucho más sobre las múltiples lecciones que Pilar Sordo transmite día a día desde sus propias vivencias y retos. Entre tantas que podemos aprender, quiero destacar la importancia que ella le da a que seamos capaces de vivir con humor, a ser capaces de reírnos de nosotros y de la vida, más aún frente a millones de jóvenes que hoy viven con un enorme miedo respecto al futuro.

Viven con miedo a no lograr sus sueños, miedo de no poder construir un patrimonio, miedo de perder sus empleos o no encontrar alguno, miedo a construir una familia, miedo a un compromiso de largo aliento, miedo a ser rechazados.

Por supuesto que todos sentimos miedo en distintos momentos de nuestra vida, y el miedo, al igual que el resto de los sentimientos, no es malo *per se*; lo grave, en todo caso, es no explorar las causas del miedo y quedarnos instalados en estas emociones que paralizan.

Héctor García Barnés publicó en 2022 su libro *Futurofobia*, que en sus propias palabras es el "miedo al futuro, es la certeza de que mañana todo será peor y que nada puede hacerse para que las cosas cambien. Futurofobia es no tener ilusiones, es estar agotado".

El autor reconoce que generaciones de jóvenes en el pasado enfrentaron en ciertas etapas de su vida más adversidad que los jóvenes de hoy, sin embargo, no perdieron la esperanza y creyeron que el progreso era posible y trabajaron para conseguirlo, pero advierte que actualmente el entorno en que viven miles de jóvenes, las noticias apocalípticas del día a día, los ha sumido en el pesimismo.

La editorial Random House en la presentación del libro destaca lo siguiente: "Futurofobia es pensar que nada de lo que puedas hacer cambiará las cosas. ¿Para qué pelear si todas las luchas están condenadas al fracaso?".[3]

Quiero dedicar unas líneas a quienes tienen la convicción de que todo será peor en el futuro, porque aceptar la realidad no implica quedarnos sentados y esperar a que mañana sea un día más adverso que el que hoy estamos viviendo. Si miles de jóvenes están atrapados en esta lógica y convencidos de que nada pueden hacer por mejorar el mundo en que viven, entonces estarán perdiendo sus talentos, su fuerza y esa esperanza indispensable para lograr una vida y un mundo mejor.

La realidad no tiene anestesia y exige resiliencia, pero también optimismo y convicción de que estamos aquí para contribuir y ser protagonistas de nuestra vida. Sin esperanza, cualquier desafío está perdido de antemano, porque entonces ya no habrá batallas que librar ni sueños que construir, en pocas palabras, ya no habrá vida y menos aún gratitud por todo aquello que sí tenemos.

Siempre estaré agradecida con el doctor José Antonio Lozano, que es un ser humano excepcional y a quien considero sabio en sus reflexiones y propuestas. Contar en este libro con su prólogo es un gran honor y también un compromiso.

---

[3] https://www.penguinlibros.com/mx/tematicas/287874-ebook-futurofobia9788401028472/fragmento?srsltid=AfmBOopEYvskrdjZvu2IEhY3iih_lkNnTVLiOK9REEjTgeVshKPRF8P5E1.

Hace poco tiempo, en un espacio semanal que tiene en el programa de radio de Joaquín López Dóriga, hablaba de esas lecciones que no aprendes en la escuela pero que son indispensables para vivir con sentido y propósito.

Precisamente se refería a lo que considera una profunda crisis de conexión con la realidad: "¿Cuántas personas hoy están desconectadas porque no tienen claridad de la edad que tienen, porque no entienden cuál es su rol o su papel en una determinada sociedad, en un trabajo, porque no terminan de comprender la valía de los demás?".

Y advertía también que son dos las razones principales que impiden esta aceptación de la realidad: la primera tiene que ver con que lo que hoy estamos viviendo no resulta atractivo y es "poco ilusionante", entonces la respuesta es la evasión, y esos "escapes de la realidad suelen terminar en una adicción. Por eso hoy estamos con la generación más adicta que recordemos en la historia de la humanidad".

La segunda causa son justamente las pantallas, que suelen confundir, porque mucha de la información no es real y está generando grandes problemas de identidad.

Aceptar la realidad, afirma con énfasis Jorge Antonio Lozano, "es absolutamente necesario para alcanzar una vida lograda. Aceptar la realidad, conocer la realidad, lo decía claramente Aristóteles, es la única verdad. La persona que acepta la realidad es una persona madura, la persona que no lo acepta va a vivir continuamente desilusionada".

Nos habla de que estamos viviendo una crisis de aceptación, pues esta realidad que está llena de desafíos, de circunstancias que nos disgustan, pero también de cosas maravillosas, "es el único lugar donde puedo ser feliz".

Y nos deja tres tareas urgentes si queremos alcanzar la madurez y también ser felices:

1) La necesidad de conocernos a nosotros mismos con profundidad.
2) Debemos aceptar la realidad, y aceptarnos a nosotros mismos con nuestras virtudes y defectos, no rechazarnos.
3) Y lo que considera más importante es ver cómo mejoramos esta realidad, y nos llama a distinguir entre los hechos y la realidad. Y son los hechos en donde tenemos la capacidad para transformarlos dentro de esa realidad que debemos aceptar.

Esta esperanza y acción son urgentes, porque hoy enfrentamos una epidemia de soledad, esa soledad donde no importan los que te rodean, con quiénes vives o cuántas horas pasas frente a una pantalla.

En estas páginas he compartido mi experiencia y convicción del poder de la empatía, en especial cuando por cualquier circunstancia se viven pérdidas, sufrimiento y dolor, de ahí que no quiero pasar por alto esta epidemia de soledad que hoy viven millones de personas en el mundo.

Sandra López Letón publicó una investigación en la que advierte que esta soledad será uno de los grandes negocios del futuro.[4]

En su reportaje da a conocer plataformas en las que miles y miles de jóvenes "hacen amigos" con personajes creados por inteligencia artificial. Más de mil millones de personas en todo el mundo experimentan soledad de manera frecuente o severa y las cifras van en aumento.

En su extraordinario artículo detalla la pérdida de calidad de vida, del número de años en la vida de esas personas, del fuerte consumo de medicamentos para soportar la soledad, y da a conocer también que el gobierno español trabaja actualmente para desarrollar una estrategia nacional contra la soledad.

Los nuevos mercados para aliviar la soledad van desde robots hasta empresas que alquilan amigos, viajes grupales o clubes antisoledad, y son justamente los más jóvenes quienes en mayor porcentaje viven en soledad y aislamiento.

A lo largo de estas páginas he reiterado el poder y la fuerza del amor, también la importancia y lo invaluable de un trato humano y cálido, y de las redes de apoyo que nos resultan indispensables para seguir adelante, así que imaginar un mundo en donde la soledad se imponga

---

[4] https://elpais.com/economia/negocios/2025-05-03/su-soledad-es-nuestro-negocio-asi-es-la-industria-milmillonaria-del-aislamiento-social.html

y que un personaje creado por la inteligencia artificial "sustituya" a un ser humano de carne y hueso para enamorarse de quien no existe, de quien no es real, me parece aterrador y de consecuencias graves.

Hace poco tiempo, Natalia me enseñaba lo importante que resulta "resignificar" para ser capaces de aceptar lo que nos ha sucedido en la vida, de construir una narrativa cuyo fin sea poder seguir adelante con gratitud y esperanza, esto dicho por ella, que hace un par de años enfrentó el suicidio de su joven hijo a consecuencia del *ciberbullying*, es una gran lección de vida, de fortaleza y también de esperanza.

Lo mismo he aprendido de Ximena, quien me sigue sorprendiendo por su fuerza y amor, pues frente al feminicidio de su joven hija, Ana, eligió encontrar un para qué y ahora se dedica con su fundación a salvar vidas, a ir al encuentro de jóvenes que viven circunstancias como las que Ana padeció en su momento.

Cada vez que escucho a Ximena pienso en su capacidad para seguir ayudando a otros e ir encontrando ese consuelo y significado. Ha pasado muy poco tiempo de ese terrible asesinato, y ella afirma que ya perdonó a quien le arrebató la vida de su hija y lo que exige es justicia. Frente a estas realidades y ejemplos, mi dolor se achica, y entonces me repito una y otra vez: "Vázquez Mota, no tienes razones para quejarte, solo para seguir".

Tanto Natalia como Ximena han resignificado este dolor que yo no alcanzo a comprender y ambas han elegido resignificar su tragedia, su irreparable pérdida para ayudar a muchos más, y al verlas y escucharlas las palabras del doctor Kraus cobran vida cuando afirma que el dolor vivido, cuando se elige ayudar a otros, se transforma en fortaleza para seguir adelante.

5

ELEGIR VIVIR
CON MAYÚSCULAS

> Amarse a uno mismo es el comienzo
> de un romance de por vida.

¿Qué tanto nos amamos a nosotros?, o, como dicen algunos, ¿qué tanto nos caemos bien a nosotros y a nosotras mismas?

¿Cuál es la narrativa que hemos construido sobre nuestra propia vida? ¿Cuáles son los pensamientos que a diario nos repetimos? ¿Nuestras expectativas son ambiciosas o simplemente utópicas y nos llevan a la frustración y a la imposibilidad de abrazar y agradecer lo que sí tenemos?

En esta etapa de mi vida, y escuchando a otros pacientes, he aprendido también que durante años elegí escuchar muy poco a mi cuerpo, seguramente porque nunca se quejó. Forzar tanto la maquinaria, como solemos decir, y la dificultad que por años tuve para decir que no, me llevaron a vivir días sin tregua, y dado que nada de entonces puedo modificar ahora, me quedo con lo mejor que todos estos años de vida me permitieron, y en este alto obligado, y ya pasadas las tormentas del reclamo y de la no aceptación, me he dado tiempo para una agenda de vida con más tiempo para las personas que amo y también para la causa de vida que he elegido abrazar y luchar por ella hasta que me metan en una caja de pino. Me siento feliz y bendecida de trabajar casi a diario con niñas, niños y adolescentes, y escuchar sus historias y vivencias.

Aún debo seguir aprendiendo, porque hoy sé que entre ese DEBER SER y QUERER ATENDER y estar bien en tantos frentes, muchas veces me olvidé de lo básico, ignoré los mensajes de mi cuerpo y muchos más. Hoy sé que debo seguir aprendiendo a amarme de una mejor manera, y tal como nos dijo Ximena sobre su hija Ana: "Las enseñamos a que deben ser perfectas y no fallar", y hoy sabemos que amarnos de mejor manera, ser felices y no rescatadoras o aquellas que todo intentan resolver para muchos es un camino equivocado.

Ana guardó silencio de las múltiples violencias que sufría en el noviazgo, y aunque sus amigos más cercanos y algunos de los padres de ellos lo sabían, incluida la psicóloga de la universidad, nadie se los hizo saber ni a Ximena ni a su esposo, que fueron entretejiendo y conociendo esta realidad cuando ya habían asesinado a Ana.

Aprender a decir "no" es una lección que muy pocas mujeres han hecho realidad en su vida, pero seguramente les ha permitido concentrarse en sus propósitos sin un desgaste costoso e innecesario. Me refiero a ese "no" de querer quedar bien, de querer resolver lo que les toca a otros. Me refiero a ese "no" que daña nuestra salud física y mental que provoca en otros conformismo y pasividad, porque al final del día saben que nosotras lo resolveremos. Y entonces hasta nos sentimos orgullosas de ser *multitask*, cuando muy probablemente no serlo es la mejor decisión para crecer nosotras y dejar crecer a otros. Esos "no" frente a quienes chantajean, controlan, lastiman y no quieren hacerse cargo de su propia vida.

Maruja Torres, la muy afamada periodista española, recientemente publicó *Cuanta más gente se muere, más ganas de vivir tengo*, y este libro, como ella advierte, no va sobre la muerte, sino que trata de celebrar la vida, y confiesa que todo lo que hay después de cumplir los 80 años "es propina". Maruja Torres defiende el derecho de enfrentar la realidad como nos dé la gana, así que lejos de pensar en la muerte que inevitablemente llegará, nos invita a vivir y a celebrar la vida.

A mí me gusta decir que hasta hace algunos años, cuando la esperanza de vida rondaba los 60 años, se hacían promesas como aquella de "hasta que la muerte nos separe", porque la muerte se encargaba de que la vida en pareja no pasara de estas edades.

Pero ahora que mujeres y hombres al cumplir 60 años tenemos una altísima probabilidad de vivir al menos 30 años más y la Organización Mundial de la Salud ya habla de una cuarta edad, debemos preguntarnos: ¿cómo y con quiénes vamos a elegir vivir esos 30 años más de nuestra vida?

A los 40 años de casados, cuando uno se despierta y voltea a mirar a su pareja, ya es válido afirmar "es lo que hay", y seguramente nuestra pareja pensará lo mismo respecto de nosotras. Hay casos incluso en los que algunos dirán "es lo que queda", pero esas ya son historias para otro libro.

Reconocer nuestra realidad pasa por el autoconocimiento, tal como advierte Nilda Chiaraviglio:[1] "¿Cómo voy a elegir hoy? ¿Desde dónde voy a elegir hoy? Quiero repetir cosas del pasado y cuáles son las cosas que yo prefiero dejar de repetir del pasado. […] Es importante saber que la vida que tengo hoy [la construí] con mis decisiones […] Si yo le echo la culpa a lo que sea, a cualquier cosa, es una jaula" en la que decido entrar, porque entonces todo lo que suceda ya no dependerá de mí, sino de alguien más.

Las jaulas se van multiplicando, y así hay quienes eligen vivir en la jaula de la culpa, la jaula de la vergüenza o la jaula del miedo, y todas ellas paralizan y entonces dejamos de hacer, dejamos de caminar por culpa o por vergüenza, con un cerebro dormido.

En lo personal, escuchar a esta especialista me ha dado muchas luces y también me ha dejado tareas, me ha llevado a pensar en todas esas jaulas a las que ingresamos voluntariamente.

---

[1] https://aprendemosjuntos.bbva.com/especial/decide-como-quieres-vivir/.

Las jaulas de la dependencia emocional, de buscar la aprobación y validación permanente de los otros, de mantenernos en una relación que nos destruye. Las jaulas de la competencia en las marcas de moda, las jaulas del confort y la flojera, las jaulas de ser nuestros peores enemigos.

Las jaulas del perfeccionismo que nos agotan, de silencios que matan y fastidian la vida para siempre, las jaulas para que los otros no puedan entrar. Las jaulas de las adicciones, las jaulas de hablar mal de los otros, las jaulas de no pedir ayuda, las jaulas de la violencia y del odio, las jaulas de la inmediatez, las jaulas de no darnos permiso para gozar el presente.

Las jaulas de los narcisistas, convencidos de que fuera de ellos todos son inútiles, y de esa soberbia que se traduce en desprecio, exclusión y que destruye la vida de quienes entran ingenuamente creyendo que podrán cambiar al narcisista.

Es muy común que en las relaciones personales las mujeres nos asumamos como las rescatadoras, creyendo tener esos poderes mágicos para cambiar a otro ser humano y los resultados son siempre nefastos y muy frustrantes, porque, como bien señala Nilda Chiaraviglio: "Yo le pongo límites a mi conducta. Y eso es un regalo de amor inmenso. Porque entonces yo decido cómo vivir mi vida".

Frente a quejas tan comunes como "es que no me dan mi lugar", Nilda nos cuestiona: "¿Y cuándo le regalaste tu lugar a otra persona? [...] Tú decidiste no ocupar tu lugar. Tú decidiste que tu vida está en manos del jefe, la mamá, el papá, el novio, el marido, los hijos, los vecinos, que sé yo, cualquiera".

De acuerdo con la doctora Chiaraviglio, para volver a elegir es necesario pasar por tres etapas:

En la primera etapa, "tengo que saber exactamente lo que yo nunca más volvería a permitir en mi vida. Y haces tu lista. Son los dolores de afuera hacia adentro. Son los dolores donde dices: "Híjole, yo no quiero sentir que me vuelvan a hacer eso". Y "eso" para cada uno es distinto.

La segunda lista. "¿Qué nunca más yo haría en una relación de pareja, en una relación de cualquier tipo?" Esos son los dolores de adentro para afuera, o sea cosas que tú decidiste hacer y te salieron muy mal y dices no lo vuelvo a hacer.

La tercera. "¿Cómo yo me destruyo a mí misma haciendo esto que hago? O sea, estos son los dolores de adentro para adentro. Por ejemplo, cuando me empiezo a vincular con una persona, me desdibujo". Cuando renuncias a elegir y aceptar hacer todo aquello que otra persona decide, pues tu vida va a ser lo que a la otra persona le dé su gana, no la tuya.

Hay personas que nos dicen: "Es que tú ya no eres la de antes". No, pues claro que no soy la de antes. Con suerte, soy la de ahora, porque en la vida vamos siendo.

Lo que viviste de niño, la forma en que tus padres te amaron es lo que aprendió tu cerebro… lo más importante entonces es distinguir cómo nos amaron y cómo nosotros elegimos amar.

Es indispensable saber que tu cerebro repite lo que aprendiste, pero si tú hoy decides que ya no más de lo mismo, entonces tú puedes entrenar a tu cerebro para que desde ahora sea distinto, porque hay un adulto a cargo.

¿Y para qué queremos conocernos? Para volver a elegir.

Siempre estamos aprendiendo, siempre estamos estudiando, siempre estamos practicando. Si nosotros pretendemos que nuestro cerebro, además de protegernos, entienda que en el mundo hay también oportunidades, lo vamos a tener que entrenar, como se entrena un deporte. El primer día te sale mal, al día siguiente un poquito mejor, siempre hay alternativas, pero tenemos que educar a nuestro cerebro.

Volver a elegir es nuestra gran oportunidad, es lo que la libertad nos permite, es lo que hace la diferencia, porque cuando nos hacemos cargo de nuestras elecciones entonces también lo hacemos de las consecuencias que conllevan, y es absolutamente extraordinario saber que en este tramo que *sé* depende de *mí*, yo elijo.

Hoy ya uso los tenis que mejor me acomodan, así sea para ir a un lugar con vestimenta formal, porque no hacerlo es provocar ese dolor que prefiero que siga de vacaciones, y cuando veo de reojo esos altos tacones que algún día usé, solo pienso que es una bendición no usarlos ahora, así que en pocos días buscaré a quién regalárselos para que los disfrute, porque yo no pienso volver a calzarlos, pues no voy a dejar jamás esta comodidad que he descubierto.

6

EL PODER DEL AMOR
Y LAS REDES DE APOYO

Este texto me ha llevado a escuchar y conocer a seres extraordinarios por su resiliencia y su gran valor para superar situaciones realmente adversas y dolorosas. Son estas clases de historias que nos llevan a valorar todo aquello que hemos recibido y también nos enseñan a no cargar con resentimientos para ser capaces de abrazar el presente y seguir adelante. La historia que voy a compartir a continuación la he leído una y otra vez, porque es realmente extraordinaria y logra esta distinción fundamental entre lo útil y lo valioso.

Cuando creemos y queremos controlar demasiado, nos esforzamos más por lo útil y suelen ser las circunstancias no esperadas las que nos enseñan a ocuparnos más de lo valioso.

Jorge Serrato nos enseña la importancia de aceptar aquello que no podemos cambiar, y de construir una historia extraordinaria a partir de reconocer su realidad, de aceptar que "es lo que hay".

Hay que entender que hay dos cosas que en la vida nosotros no vamos a escoger: el contexto y la genética. No escogemos nacer altos, chaparros, guapos, feos, ser pobres, ricos. No escogemos el apellido, nacer en un país tercermundista, o en un país desarrollado. Yo no elegí que mi mamá a los seis años me dejara en un internado, no haber conocido a mi papá biológico. En el internado me pasaron muchas cosas, muchas de ellas las olvidé por muchos años, abusos, violaciones, lesiones, violencia física, violencia emocional, hambre, frío, había personas que se entretenían apagando unos cigarros en la espalda. Producto de todo lo que yo viví en el internado, dejé de soñar, perdí toda mi seguridad y me volví un mión, o mejor dicho, me orinaba de manera diaria en la cama, y déjenme decirles que las violaciones no dolían tanto, que esas eran silenciosas, nadie sabía, solo la persona que lo hacía y yo, pero ser un mión en un internado, ese sí es un problema.

Eres criticado, eres señalado, no comes bien porque tienes que ir a lavar tus sábanas y tus cobijas, y cuando llegas a la jungla del comedor, ya se acabó todo, y si un día llovía, era el terror de todos los miones, porque por escarmiento ibas a dormir sin sábanas y sin cobijas. Se iba siempre con miedo, y entonces yo cargaba la cruz, estaba muy flaco, desnutrido, no comía bien, pero yo tenía fe, y la música me decía al oído: "Cárgala con fe, con mucha, con mucha, con mucha fe, porque si no tu papá no va a venir por ti, y no te vas a dejar de orinar en la cama". Dos cosas pasaron en nueve años que yo lo intenté: nunca apareció mi papá y yo nunca dejé de orinarme en la cama. Esto es solo un pequeño fragmento de todo lo que me tocó vivir a mí.

Todos pasamos cosas terribles en nuestra vida

Todos tienen sus historias, unas chicas, unas grandes. Repitan en su mente: "Mi venganza será mi perdón", la mejor forma de avanzar es perdonando, perdonándote a ti mismo y perdonando a quien te hizo daño.

Existen dos caminos: la carretera de la víctima y la carretera del protagonista. Todos decimos que somos ganadores, que somos protagonistas, y nunca somos víctimas. Déjenme les doy unas características entre lo que es una víctima, y un protagonista: todo lo que me pasa a mí es culpa de alguien más, estoy jodido por el gobierno, llegué tarde por el tráfico. Soy experto en señalar, en criticar, en juzgar: él está mal, él está gordo, él es flojo, él es huevón. Me la paso perdiendo mi tiempo y mis energías en cosas que no me suman.

Cuando elijo ser protagonista, no busco el reconocimiento allá afuera, porque lo tengo dentro de mí. Y no pierdo mis energías, y no me desgasto en algo que no me suma. Ahora, ¿cómo puedo pasar de víctima a protagonista?

Hoy te quiero compartir tres grandes aceleradores para que puedas cumplir todos tus sueños.

El primer acelerador es una mentalidad protagónica. La mentalidad protagónica es tomar absoluto control de lo que me pasa a mí en tiempo presente, es aceptar la realidad.

El segundo gran acelerador es asumir que tu repetición es tu reputación, eres lo que haces, no lo que dices que haces, eres tu repetición.

El tercer gran acelerador es hacer el trabajo, pues de otra manera de nada te van a servir los dos primeros. Para entender la palabra *reputación* hay que comprender que hay dos tipos de reputación: la aparente y la real, desafortunadamente todos nos enfocamos en la aparente: qué piensan los demás de mí.

Una de mis frases favoritas es cuando Michael Jordan afirma: "Paso a paso, no concibo ninguna otra forma de lograr las cosas, repetición a repetición".

Cuando estaba en el internado, no tenía seguridad. En los tiempos de diciembre hacíamos campaña, yo no podía cantar, yo no declamaba, yo no hablaba, yo no servía, siempre temblando y siempre asustado, las monjitas me decían: "Lo siento, quítate, tú te vas a ir atrás".

Me aferré a las repeticiones, a certificaciones de oratoria, y a declamación, hoy sigo nervioso, pero entiendo que las repeticiones me cumplieron este sueño.

Quédense con esta frase: lo que no tienen de talento lo compensan con esfuerzo, lo compensan con repeticiones, es muy importante que esto no se les olvide.

Ahora, para lograr la repetición, habrá que hacer tres cosas:

1) Todos los días te vas a levantar con la mejor actitud posible.
2) Hoy lo voy a hacer mejor que ayer.
3) Vivir un día a la vez, lo que realmente vale la pena se construye en el mediano y en el largo plazo.

El primer acelerador es controlar lo que me pasa con mi tiempo presente; el segundo, tu reputación, es tu repetición, y finalmente, el tercer gran acelerador es vivir en modo energético. La esencia del movimiento, la unión y la integración son fuerza, la sinergia es poder.

Al sinérgico le gustan los negocios, le gusta el crecimiento, pero la fórmula de lograrlo es una: uno más uno es igual a tres. Se olvida de frases como: "Hay que chingar al de enfrente que el de atrás chingando viene", "primero mis dientes que mis parientes". Su punto de partida es: "Soy yo, somos nosotros, somos equipo", el crecimiento está en la sinergia.

Entiende la diferencia entre lo valioso y lo útil, y que lo valioso está por encima de lo útil. Así, un celular es útil, amar a una persona es valioso; el dinero es muy útil, ver a tus hijos crecer es valioso; mientras que un carro es útil, ver un amanecer es valioso.

Pero para poder ayudar a alguien más, primero te tienes que ayudar a ti mismo.

Pero aun con esa mentalidad y con trabajo, hay gente que no la arma, que no logra sus sueños, porque las tres palabras más difíciles de decir son: perdóname, lo siento y ayúdame. En la sinergia necesitamos pedir ayuda y tenemos que dar ayuda.

Este testimonio de vida nos deja lecciones invaluables, porque en esta tormenta perfecta de abandono, dolor y desamor, Jorge pudo haber elegido muchos otros caminos que lo condenaran a quedarse sumido en el reclamo, la depresión, la angustia o la ansiedad, pero al aceptar su realidad y asegurarse de aquello que le era ya imposible cambiar, fue capaz de construir un mundo gigantesco de crecimiento, de oportunidades y de ese perdón del que habla, para entonces poder ayudar a muchos más.

Jorge Serrato habla de la repetición, y aprender a vivir con dolor requiere justamente de repeticiones, desde aquellas internas de abrazar y agradecer cada día y repetir una y otra vez "solo por hoy" hasta las repeticiones que demanda un tratamiento médico y la disciplina para hacer e intentar todo aquello que pueda ayudar a mejorar la calidad de vida.

¡Recientemente me reuní con dos personas admirables que conocen a Jorge Serrato, y estoy más que emocionada de saber que pronto tendré la oportunidad y privilegio de conocerlo!

En estos años recientes, valoro más que nunca la no rendición de miles de mamás que sin tregua alguna dedican su vida a un hijo o una hija enferma. Todos esos traslados, todos los días buscando cómo poder aliviar su dolor y lograr avances, todos los días luchando para hacer su vida más llevadera y también para no dejar en abandono al resto de la familia. Afortunadamente muchos padres colaboran también, pero frente a la enfermedad también es cierto que algunos deciden irse, alejarse para no acompañar, para no ser parte de esta historia. Los apoyos institucionales son indispensables; los andamiajes de apoyo a pacientes y a sus familias hacen no solo la gran diferencia en su calidad de vida y en su economía, sino que llegan a significar la diferencia entre la vida y la muerte.

Casos como el de Jorge son excepcionales y nos inspiran y fortalecen; sin embargo, quiero insistir en que, para la gran mayoría, las redes de apoyo son indispensables y hacen la gran diferencia. Por otro lado, también es cierto que son muchos los pacientes que eligen, desde su realidad y posibilidades, ayudar a otros, y tienen la fortaleza para romper los círculos del "yo" e ir en búsqueda de muchos más y acompañarlos.

7

NO ES
MI DOCTOR, ES MI AMIGO
Y CONFIDENTE

En este capítulo quiero hablar también del personal de salud frente a un paciente. Puede no conocerse ni la causa ni la cura; pueden aliviar o no el dolor, pero cuando tienes frente a ti a otro ser humano que no solo toma notas con rapidez como queriendo que te retires lo antes posible; cuando ese ser humano enfundado en su bata blanca o de cualquier otro color elige verte, escucharte de verdad y darte aliento con sus palabras o con algún gesto de afecto, todo adquiere una dimensión distinta. Porque la soledad y los vacíos se desdibujan frente a una sonrisa, frente a quien te dice: "Te creo", y entiende lo que te sucede y sabes que luchará contigo porque no estás solo y todo puede ser mejor.

Yo solo puedo agradecer y bendecir a todas y todos quienes desde su especialidad o encomienda en cualquier procedimiento me han acompañado.

Un artículo del periódico *La Jornada*, de Claudia Gómez Haro,[1] nos acerca al contenido de uno de mis libros favoritos que justamente escribió el doctor Arnoldo Kraus, me refiero a *Una receta para no morir. Cartas a un joven médico.*

La periodista destaca:

En la carta número dos, Kraus reflexiona sobre los vínculos entre medicina y sociedad. Hace no muchos años, el médico tenía un papel importante en la sociedad, antes de que las ciudades grandes se volvieran intransitables y antes de que la mayoría de los médicos generales o internistas hubiesen casi desaparecido, algunos doctores tenían la costumbre de visitar a los pacientes en casa. Esto permitía la compenetración íntima y humana con el enfermo. Cuando se establece entre médico y paciente una relación empática el resultado es magnífico.

[...] Creo que la preocupación medular de Kraus a lo largo de las 11 cartas estriba en preguntarse si es posible deslindar el humanismo de la profesión médica. La respuesta es no. Palabras como compasión, misericordia, empatía, servicio, sensibilidad, solidaridad, afecto, deben ser referencias vitales para el galeno, piedras angulares que sostengan los pilares de un edificio ético cuyos cimientos son los múltiples vínculos entre medicina y humanismo.

Un médico éticamente correcto es aquel que ve al paciente como a sí mismo. Cuando Kraus escribe del enfermo

---

[1] *Cartas a un joven médico*, https://www.jornada.com.mx/2005/11/03/index.php?section=opinion&article=a08a1cul.

como "el otro", lo hace pensando en las ideas de alteridad o de otredad descritas magistralmente por Emmanuel Lévinas, filósofo judeo-francés, quien hablaba sobre la responsabilidad para con el otro.

Decía: "Soy yo quien soporta al otro, quien es responsable de él. Mi responsabilidad es intransferible, nadie podría reemplazarme". Estas aseveraciones denotan el compromiso de un ser humano hacia otro.

Otro asunto de vital importancia en las reflexiones de Kraus se refiere a la "sociedad y el mundo", eso que Nouwen denomina la "socialización del sufrimiento" y denuncia abiertamente sucesos como la contaminación ambiental y la negativa de Estados Unidos para comprometerse a detener el daño ecológico. Sabemos hoy, más que nunca, acerca de los dolores y del sufrimiento del mundo y, sin embargo, somos menos capaces de responder a ellos.

[…]

Los asuntos tratados en este pequeño, pero "gran" epistolario, son mostrados como parte del abanico que todo médico y ser pensante debe confrontar y la aventura termina, no porque se haya agotado el material sino porque de acuerdo con la máxima que suelen repetir los ingleses, *less is more* [menos es más]), Kraus denota la habilidad de quien economiza en espacios pequeños ideas grandes.

En mi caso solo puedo agradecer y bendecir a cada uno de mis médicos, doctoras, enfermeras, enfermeros y a todo el personal de salud que me han ayudado a llegar hasta aquí.

Más de una vez he pensado y comentado con mis doctoras y médicos que la gran mayoría de los pacientes lo único que quieren es irse del hospital lo antes posible, y en mi caso son varias las ocasiones en que he llegado a pedirles que por favor me internen y me ayuden a que el dolor se anestesie unas horas por lo menos.

Puedo compartir que una palmada, una sonrisa, un "no estás sola", una llamada para preguntar cómo va todo, hacen la gran diferencia.

Y si toda esta humanidad alivia el dolor y nos devuelve esperanza y aliento, seguramente lo mismo espera el personal de salud de nosotros y de las instituciones en que viven gran parte de su vida: un mejor trato a las y los residentes, unas guardias que no los roboticen y agoten hasta dejarlos vacíos, humillaciones de quienes debiesen ser sus maestros y ejemplos de inspiración, contar con los materiales e instrumental médico para poder hacer su tarea, agua para bañarse y medicamentos para sus pacientes.

Cuando escucho las experiencias de quienes estudian medicina y los atropellos que la gran mayoría debe aguantar para seguir adelante, me pregunto si producto de esta violencia absolutamente evitable los pacientes podemos esperar tratos dignos y compasivos. En las cadenas de odios y humillaciones todos perdemos humanidad y miles de oportunidades.

A este dolor le debo conocer a doctoras y doctores altamente calificados, excepcionales en su profesión y vocación, pero sobre todo a este dolor le debo agradecer porque han sido compasivos, solidarios y hoy son quienes me conocen tal cual soy, y así me han abrazado y cuento con la bendición de su amistad. No voy solo a consulta, voy a abrazar a mis amigos entrañables.

Comparto contigo estimada, estimado doctor, una definición que recientemente leí en las redes:

Definición de "hospital"

Las paredes de los hospitales han escuchado oraciones más sinceras que muchas iglesias…

Han visto besos más verdaderos que los de muchos aeropuertos…

Es en los hospitales donde un homófobo puede ser salvado por un médico gay.

Donde un médico de clase alta salva la vida de un mendigo.

Donde, en cuidados intensivos, un judío cuida de un racista.

Miles de cónyuges se perdonan con la esperanza de una curación.

Un policía y un preso comparten habitación y reciben la misma atención.

Un paciente rico espera un trasplante con un órgano de un donante pobre.

Es en esos momentos, cuando el hospital toca las heridas humanas, que los universos se cruzan con un propósito divino.

En esta comunión de destinos, comprendemos que, solos, no somos nada.

La verdad absoluta de las personas suele revelarse en el dolor o ante la amenaza de una pérdida definitiva.

El hospital es el lugar donde los seres humanos se quitan las máscaras y se muestran tal como son, en su esencia más pura.

En la Clínica del Dolor encontré alivio y amistades para siempre; en cada quirófano siempre ha habido más de una mano que me acompaña y sostiene con afecto y esa empatía indispensable.

En cada tratamiento y consulta siempre existe esa calidez y las palabras mágicas de "no estás sola, siempre estoy aquí".

No puedo dar vuelta a la página sin agradecer a una persona que me ha acompañado, primero como estudiante y ahora como especialista brillante, en cada uno de mis tratamientos y quirófanos, lo he visto hacer piruetas para que le permitan entrar a las cirugías y procedimientos; sé que ha debido pedir permiso en ocasiones y llegar en el último minuto para estar a mi lado. Sus mensajes cotidianos para saber cómo estoy cuando apenas amanece son frecuentes, y en un episodio que tuve y de pronto reaccioné me di cuenta de que me llevaba cargada en sus brazos para llegar lo más rápido posible al hospital.

Gracias a mi yerno, gracias doctor Cancino por estar siempre a mi lado en estos territorios en donde el resto de mi familia no puede acompañarme, y estando tú conmigo están todos también.

Cada paciente tiene su propia historia, y reconozco que muchas vivencias no son como la mía, por eso en estas líneas quiero destacar la gran diferencia que logra un trato digno y cercano, esas medicinas que urgen a tiempo y ese seguimiento que te hace sentir y saber que debemos seguir luchando para hacer realidad el derecho a la salud y a una vida digna.

Hacer esperar a un paciente con dolor o con cualquier otra enfermedad que requiere una atención inmediata es condenarlo a una muerte lenta y en ocasiones inmediata, es sumirlo en la desesperanza y en ese túnel de impotencia y frustración.

Perder la salud duele dejar en ruinas a familias completas y al enfermo en un callejón sin salida.

8

LA GRATITUD Y LA ACEPTACIÓN
VAN DE LA MANO

¿Cómo agradecer al dolor?, ¿cómo no dejar de reclamarle? Porque cuando llega y no me da tregua intento hacer como que no pasa nada, pero sí pasa; porque me invade la tristeza y la frustración todavía en algunos días difíciles; porque mis planes ya valieron, como dicen los jóvenes de hoy; porque cuando él llega impone sus condiciones. Escribo estas líneas el 2 de enero de 2025 y apenas el pasado 30 de diciembre mi invitado decidió que debíamos regresar al quirófano una vez más, porque eso de pasar el Año Nuevo en familia le pareció irrelevante, así que nuevamente había que cambiar los planes y agradecerle a mi pierna lo fuerte que ha sido por soportar tantas agujas, tantos procedimientos, tanto dolor.

Si bien todavía me cuesta, aunque estoy trabajando mucho en mi proceso de aceptación, he decidido, como escribí antes, ya no reclamar ni rechazar el dolor cuando llega, y procuro cerrar lo mejor que puedo las rendijas de mi alma para que no cruce la tristeza, la depresión o esa impotencia y frustración que bloquea todo lo demás que sí tengo.

Vivo un proceso de aceptación y también de gratitud, porque el dolor ha cambiado la narrativa de mi vida.

No digo que sea fácil, pero esta aceptación ha cambiado mis decisiones y mi estado de ánimo radicalmente. Hoy reconozco mi vulnerabilidad y mi incapacidad para apagar el dolor, para lograr que se olvide de mí, pero también sé que abrazo con intensidad y fortaleza cada día, lo hago con amor y esperanza, y no quiero ser la quejosa de mi familia ni ser la que echa a perder los planes para celebrar la vida.

Dos personas muy jóvenes han sido recientemente mis grandes maestros sobre cómo enfrentar el dolor: Juan Pablo Adame y Paulina Bravo.

A Juan Pablo lo conocí desde siempre, al igual que a su familia. Recuerdo perfectamente cuando me escribió para decirme que necesitaba hablar conmigo. Nos reunimos a tomar un café en un pequeño restaurante que estaba casi vacío, y ahí me compartió que le acababan de informar sus doctores que tenía cáncer. Lloramos juntos y nos abrazamos, y también nos abrazamos a la fe que compartíamos para orar y pedir por su salud.

Su preocupación más grande eran Eli, su maravillosa esposa, y sus tres pequeños hijos. Pero sobre el miedo y lo que pudiese pasar en el futuro, el valor y la entereza de Juan Pablo superaban por mucho cualquier otro sentimiento. Ese día frente a mí estaba un guerrero con toda la fuerza de su amor a Dios, a su familia y a la vida.

Durante algunos meses, la salud de Juan Pablo regresó con toda la esperanza y alegría que naturalmente le acompañaban. Trabajador incansable, muy sabio a su corta edad y con una enorme claridad sobre sus prioridades y los sueños que tenía.

Juan Pablo fue senador de la República por un día, pues era suplente del senador Miguel Ángel Mancera, quien con total empatía y solidaridad dejó su espacio para permitirle presentar una iniciativa para reformar la Ley General de Salud y así "proporcionar apoyos económicos y/o en especie a los familiares y/o personas que acompañen y cuiden a enfermos de cáncer durante sus tratamientos, los cuales se destinarán a garantizar su transporte, alojamiento, alimentación adecuada y atención psicosocial. Será prioridad la entrega de estos apoyos a las personas con escasos recursos económicos".

Acompañado de su esposa y sus tres hijos, el 6 de septiembre de 2023 desde la tribuna del Senado afirmó:

Estoy aquí dando una batalla por mi vida. El cáncer volvió; he sobrevivido a tres cirugías, a 11 sesiones de quimioterapias y aún me faltan 13 más, pero no me voy a detener, no me voy a rendir.

Hacer mi discurso de presentación ante ustedes, ante la República, ante millones de mexicanos, tenía una decisión que tomar, si hablar sobre la coyuntura del país, sobre la elección presidencial, sobre mi origen partidista, sobre lo que estamos viendo todos los días en nuestro querido México.

Decidí hacer algo distinto, quiero materializar la lucha personal por un producto que pueda ser al servicio del bien común. La vida de cualquier ser humano es un misterio, desde el momento del nacimiento, la familia, la infancia, los amigos, la consolidación de una personalidad, el trabajo, la pareja, los hijos y un largo etcétera. Cada vida tiene sus propias circunstancias, cada una tiene una experiencia única e irrepetible, cada vida tiene un sentido único, cada vida vale por el hecho de existir. ¿Cuánto tiempo me queda?: no lo sé y nadie lo sabe, pero nunca me sentí tan vivo como cuando estuve cerca de la muerte, sentirla me hizo más consciente de cómo quiero vivir el resto de mis días. Lo que yo sí sé con certeza absoluta es que cada día que amanezco es una oportunidad única e irrepetible para vivir con esperanza, para amar con intensidad y para dejar un legado en cada una de mis acciones. Aquí estamos, aquí estoy, aquí está mi familia, aquí está mi trabajo, aquí está mi país, aquí está mi vocación, ¿qué hacemos con esto?: vivamos, vivamos, vivamos porque el amor siempre vence.

Pocos días antes de su muerte, cuando aún estaba en el hospital y ya habían tomado la decisión Eli y él de regresar a su casa con cuidados paliativos, me pidió leer un texto suyo desde la tribuna del Senado, así que el 29 de noviembre, gracias a la invaluable ayuda de todos los grupos parlamentarios y de la presidenta de la Mesa Directiva del Senado, pude cumplir con su encargo.

Un vaso de agua fría

Ver el vaso lleno, tomarlo y pasarlo por tu boca, sentir cómo se activan tus papilas de inicio a fin, que el agua pase por tu garganta y dejar de tener sed; una sensación única, un placer tan grande.

Llevo más de un mes sin poder gozar de ese vaso de agua fría, mi cuerpo se ha ido deteriorando y por la enfermedad he perdido gustos tan simples y básicos como el tomar un buen vaso de agua fría.

Gracias a estos momentos hoy valoro lo simple y lo cotidiano como algo extraordinario y te invito a hacer lo mismo, a que no des por sentadas las cosas que haces cada día; te invito a que encuentres en cada acción lo maravillosa que es la vida y el regalo que significa disfrutar todos los pequeños detalles.

Hoy entro a una nueva etapa de mi vida, mis oncólogos han sido muy generosos conmigo, han puesto lo mejor de sí para curarme hasta este momento, pero el cáncer no dio tregua; toca entrar a cuidados paliativos, decidimos tomarlos desde casa, ese espacio de amor y seguridad que hemos construido Eli y yo durante nuestro matrimonio.

Sé que me acompañarán con sus oraciones, pensamientos y con todo el amor que me han dado hasta el día de hoy a mí, a Eli, a María, a Rodrigo y a Inés.

Estoy muy en paz, con la tranquilidad y seguridad que Dios está conmigo, que no estoy solo; sigo disfrutando la vida como un regalo diario.

Hoy solo asumo esta nueva situación de mi vida con la seguridad de que el cielo me espera, pero no seré yo ni las expectativas de vida que me han dado los doctores los que tienen la última palabra, Dios sabrá el día y la hora; mientras tanto, a vivir.

Disfruten de un buen vaso de agua fría por mí.

Con amor,
Juan Pablo Adame Alemán

El cáncer regresó con todo su poder, y esa nueva batalla que implicaba muchas quimioterapias, que Juan Pablo enfrentó con fortaleza y aliento, ya no pudo concluirla.

Tuve la bendición de abrazarlo justo un día antes de su muerte. Su cuerpo ya estaba frágil, pero su espíritu permanecía más fuerte que nunca. Generosamente, Eli me permitió pasar a verlo, y ahí, ya con sus ojos cerrados, pero con su mente abierta y clara, nos tomamos de la mano y me repitió lo que me dijo en aquel café cuando recién le habían dado la noticia: su mayor preocupación eran Eli y los niños, pero me dijo también que ya estaba listo para irse, que sabía que Dios ya lo esperaba y que se iba en paz.

Sabía que faltaban pocas horas, y cuando nos dijimos "hasta pronto" estaba fuerte y abrazando con amor las pocas horas que le quedaban de vida.

Antes de salir de su habitación me pidió decirles a todos que siempre había intentado dar lo mejor de sí mismo.

Juan Pablo Adame Alemán falleció la madrugada del martes 5 de diciembre de 2023, tres meses después de habernos convocado a vivir.

Gracias, Juan Pablo, por tus lecciones de vida.

Paulina Bravo es otra de mis grandes heroínas y hoy con su autorización les comparto un extracto de un maravilloso y valiente texto que escribió.

A Pau la conocí desde muy pequeña, porque es hija de un amigo entrañable desde la universidad. Durante muchos años no nos vimos hasta que el dolor logró volvernos a reunir.

Un día, de buenas a primeras, mamá hizo una cita con la psiquiatra y me obligó a ir. No preguntes qué me dijo, porque no lo recuerdo; solo sé que debía ir a un neurólogo y a un neuropsiquiatra. Me dio un papel con las instrucciones. No recuerdo más.

Después de varios estudios, el 30 de abril de 2022, la vida de mi familia y la mía dio un giro completamente diferente. Nos dieron la noticia de que tenía un tumor en el cerebro. Parece ser un meningioma, explicó el doctor. Es común que salga entre la gente.

Saliendo del doctor, lo único que podía pensar era que ahora todo tenía sentido. Mamá, papá. Pongo mi vida en sus manos. Hoy, no sé qué hacer, crees estar en la cima de la montaña y así, sin más, todo cambia.

Déjame te cuento mi historia y por qué la vida cambia de un día para otro, porque cuando crees estar perdido y no quieres seguir más, todo te sacude de una manera brutal, así como si ya estuviera planeado. No sé si llamarle Dios, vida, ángeles que aparecen o, tal vez, sea destino.

Hoy creo firmemente en los porqués de la vida y en sus milagros, pues estamos aquí para aprender y tal vez poder trascender en este mundo al que llamamos vida.

Cuando era pequeña los doctores me habían diagnosticado afasia (trastorno de comunicación, habla y escritura). Ellos dijeron que era muy difícil que pudiera terminar la escuela y que sería casi imposible que pudiera aprender otro idioma. En efecto, la escuela fue un infierno, maestros muy duros que demasiadas veces me hicieron sentir tonta, y muchas veces mis compañeros de escuela contribuían a sentirme así. De ahí nació mi inseguridad.

En preparatoria decidí dejar la escuela, por más que me esforzara, no sucedía nada. Por mucho tiempo elegí los problemas; fiestas, alcohol, cigarros. Muchas veces tuve tantas confusiones e intentos de suicidio.

Me tomó toda mi adolescencia terminar la escuela, pero lo logré. A los 21 años terminé la preparatoria. Aun así, con ese logro me seguía sintiendo tonta y seguía sin saber lo que quería hacer de mi vida.

Mi familia estaba cansada de sacarme de los problemas en los que me metía. Siempre fui muy buena con los niños, así que mamá sugirió que empezara a estudiar inglés y que al mismo tiempo me animara a dar clases. Era eso, o dejar la casa. Descubrí que mi mamá tenía mucha razón, realmente era muy buena enseñándoles a los niños y realmente lo disfrutaba, aprendí mucho junto con ellos. ¡Ironías de la vida, odiaba estudiar, pero disfrutaba tanto enseñar! Por primera vez en mi vida me sentía capaz de hacer algo bueno con ella y sobre todo sentirme orgullosa.

En septiembre del 2015, mis papás empezaron de nuevo a confiar en mí, así que me sugirieron ir a mejorar el inglés en otro país. Cuando regresé a la Ciudad de México, tuve la oportunidad de crecer en mi área, pues empecé a trabajar en una escuela muy reconocida.

Muchas veces en este trabajo me sentía insegura y todos los días me levantaba con miedo al fracaso, por lo que fue más fácil pretender que no me importaba nada, que estaba solo ahí trabajando para ganar dinero. Realmente no sabía cómo cambiar estos conceptos que tenía de mí.

Un día la escuela en la que trabajaba me sugirió que, si quería ser aún mejor, necesitaba terminar la universidad, y otra vez el terror de la escuela me invadía por completo. Dejando la cobardía a un lado, empecé la universidad. Conocí amigos que me enseñaron a expresar y decir cuando no lograba entender algo de lo que los maestros nos enseñaban. Ellos me dieron la confianza para pedirles ayuda si es que la necesitaba, así que, con esta confianza y con su apoyo, en mayo de 2022 acabé la universidad.

Llegó la pandemia y la escuela decidió hacer un recorte de personal en el cual mi nombre estaba ahí, al darme la noticia me sentí realmente mal, pero esta vez decidí no darme por vencida y seguir adelante, por lo que decidí dar clases particulares. ¡Había llegado ya tan lejos!

Pasó el tiempo de pandemia más difícil, poco a poco me fui quedando sin clases particulares, y lo poco que había ahorrado fue desapareciendo entre la renta, comida, etc. Y aunque mis papás ayudaban, no era suficiente a lo que ya estaba acostumbrada a vivir.

Pronto empezaría la falta del habla y demasiadas lagunas mentales. Aumentó la vergüenza de no poder completar una oración, aumentaban cada vez más los olvidos y la apatía rápidamente creció.

En cada trabajo que me ofrecían me despedían a las dos o tres semanas, o hacían de todo para que me fuera. Los dolores de cabeza eran más frecuentes e insoportables, lo único que quería era escapar de la realidad, dormir siempre era una opción, pero al despertar y darme cuenta de que nada había cambiado regresaba de nuevo la ansiedad y la ira por irme de aquí.

Los cigarros y el alcohol fueron de nuevo la salida más fácil, pero me rehusaba a ir a un psiquiatra, al final sabía que el diagnóstico iba a ser el de toda la vida.

Durante el mes de junio, tuve la fortuna de ingresar rápidamente en el Instituto Nacional de Neurología en la Ciudad de México. Debo mencionar, uno de los mejores hospitales, no nada más en México, sino en muchos otros países.

Después de mi primera cirugía, las cosas no eran como los doctores nos contaban, al parecer, era algo más serio. Tenía un tumor al que llamaban "astrocitoma" categoría tres, tenía células cancerígenas.

Necesitaba una segunda cirugía para poder retirar el resto del tumor.

Estuve casi un mes hospitalizada, sin embargo, el trato en el hospital jamás me lo hubiera imaginado, eran muy comprensivos y demasiado humanos.

La reputación que tienen las enfermeras en México es equivocada, al menos en este hospital, su trato era inigualable.

El tumor estuvo creciendo durante más de diez años en el cerebro, todavía no encuentro por qué ni para qué tuve que vivir esta vida tan al revés.

Treinta y tres radiaciones, junto con quimioterapias tomadas. Nadie me había contado que esto iba a ser tan difícil, y muchas veces darle gracias a Dios por estar con vida no me iba a quitar las preguntas, ni la frustración que me provocaba el cansancio, la debilidad y los horribles dolores de cabeza que me provocaban al salir de ahí. Era un tormento usar la máscara en la cara que te hacía sentir como la película del hombre de la máscara de hierro, durante las sesiones en el búnker apretaban tanto la máscara que sentías que la cabeza te iba a volar.

Un domingo por la tarde estaba bañándome y fue ahí cuando sentí la angustia de perder, en mis manos encontré cabello; no puedo describir el dolor, el miedo, angustia y enojo que sentí. A veces llorar no era suficiente, ver mi almohada llena de pelos cada vez que tendía la cama me llenaba de impotencia y de ira, y cada vez que mencionaban que eso era lo de menos porque volvía a crecer, quería gritarles a todos en la cara que no tenían ni idea de lo que era vivir esto, pues verme al espejo con el cabello tan disparejo, una parte larga, la otra sin pelo y con la enorme cicatriz en la cabeza, me hacían sentir realmente fea, enferma y frágil.

Sentía mucha frustración al no poder ir corriendo por una rasuradora y raparme, pues la máscara de las radiaciones era tan precisa que no podían ya hacerme nada.

Pronto aprendí a hacer turbantes y a arreglarme, lo cual fue la clave para tener una mejor actitud.

En septiembre de 2022, la tortura de las radiaciones finalizaría. Lo primero que hice saliendo del hospital fue ir a casa de mi hermana, ella me llevaría a que me raparan. Sentí un alivio enorme, y dando gracias al pelo por lo que había aguantado empezaron a raparme.

En México solo existen 10 neurooncólogos, tengo la fortuna de haber encontrado al mejor.

El primer día que lo conocí, me dijo en voz alta que quería una voluntad anticipada, quería que decidiera qué era lo que yo quería hacer en caso de que el cáncer no se hubiera ido o regresara.

Hablarle a mi hermano para pedirle su ayuda no fue fácil y tampoco lo fue nombrar a una albacea y escoger a un par de testigos, me costó muchos suspiros.

Ahora solo quedaba el miedo tan grande de enfrentar a mis papás y decirles que ya estaba en tramité solo para firmar. Hacerlo, decirlo y expresarlo fue un reto enorme. Saber que esto les dolía me partía tanto el corazón, ya no quería verlos llorar.

Las radioterapias, junto con un mes de quimioterapias, no fueron suficientes, mi tratamiento todavía no terminaba, tenía nuevos retos, inseguridades e incertidumbre por los que enfrentar. Esta vez tenía que pasar solo por seis meses más de quimioterapias y junto con ellos, cada mes, exámenes de sangre para asegurarse de que todo estaba bajo control. Cada mes que pasaba aumentaban más las dosis, y mi desesperación por terminar el tratamiento era inalcanzable, aunque me sentía afortunada por tomar una pastilla que no me daba náuseas ni mareos, el cansancio que vivía era terrible, el olfato y el gusto se agudizaban, por lo que no podía comer ni oler ciertas cosas.

El 28 de diciembre de 2022 recibí la mejor noticia por mi doctor. Mejor Año Nuevo no hubiera podido pasar. Escuché decir a mi médico: "El día de hoy no hay ningún indicio de tumor ni células cancerígenas. Hoy te encuentras libre de cáncer. Sin embargo, no hemos cantado victoria. Las cirugías que te realizaron en el instituto y tu actitud tienen mucho que ver con esta recuperación".

Nunca había llorado tanto de felicidad, sentí un alivio enorme y aumentaron aún más mis ganas por vivir.

El día de hoy, 21 de enero de 2023, sigo luchando y resistiéndome un poco a las quimioterapias. Estoy a días de empezar mi cuarta sesión, con miles de emociones y proyectos nuevos a los que quiero alcanzar.

Sé que el cáncer es traicionero y no puedo evitar vivir con incertidumbre a lo que pasará, pero tampoco espero ya nada del futuro, aprendí solamente a vivir del hoy.

He aprendido que hay diferentes tipos de felicidad; la felicidad de ser libre, de aprender a amarme y de que ser egoísta también tiene su lado bueno, la felicidad de saber que sigo siendo yo, esa mujer que a veces se siente en la cima de la montaña con esos súper poderes, que a veces sigo sintiendo que puedo ser tan loca como cuerda a la vez. También sé que la tristeza tiene diferentes formas; está la del miedo a perder, la del fracaso, aquella a la que también le da terror de no poder aprender o hacer cosas nuevas,

esas cosas que soñaba hacer cuando estaba en quimiote-
rapia. Está la del amor y también esa tristeza de no saber
a dónde ir y que constantemente me lleva a la ansiedad.
Esa ansiedad que no se ha ido, aquí sigue, aquí, junto con
medicamentos que me mantienen un tanto drogada,
con sueño y cansancio; supongo que es para recordarme
que la vida no son más que pequeños momentos de felicidad, no son permanentes, son fugaces, pues es imposible
poder sostenerlos.

Estoy en el año 2024 y a meses de empezar el 2025,
todo está perfecto, en cada trimestre de análisis no hay síntomas de tumor ni células cancerígenas. Logré conseguir
un trabajo al que soy feliz de pertenecer, poco a poco he ido
logrando pequeñas cosas que antes no podía hacer.

Algunas veces no sé si llorar o agradecer a esa pregunta
que aún me tiene perturbada… ¿por qué yo?

He aprendido a disfrutar, aceptarme así, tal cual soy,
que también a veces es divertido ser distraída y no darte
cuenta de lo que pasa a tu alrededor.

Por fin, comprendí que todas las cosas malas de la familia no las tengo yo. Vivo más que nunca el amor de lo
que es tener una familia. Mi abuela me heredó su fuerza y
esas ganas que tenía por vivir, el abuelo, el amor que ahora
le tengo a los libros, heredé el amor que mis padres tienen
por dar y la bondad de mis hermanos, descubrí que soy tan
buena dibujando, como lo hace papá, y sobre todo descubrí
el amor que mamá siente por mí.

Descubrí que la vida es muy sabia, y que para toda pregunta que haces siempre habrá una respuesta. El secreto a todo

esto es ser paciente, saber esperar, y aunque constantemente lo olvido, trato de repetírmelo una y otra vez.

Treinta y cuatro años de mi vida han pasado y sigo conociéndome. Ahora sé que puedo hacer más cosas que antes me era imposible, sé que no es necesario ser perfecto, aunque siempre lucho con esa perfección, sé también que no es necesario encajar en este mundo, a veces ser diferente hace la diferencia.

No sé exactamente a qué vengo a este mundo, ni por qué sigo viva, solo sé que aferrarme a vivir, luchar por lo que quiero, no dejar las cosas para después, sonreír ante la adversidad, ser fuerte, ha sido ese mi súper poder. Que puedo no ser perfecta y aun así soy capaz de enfrentar lo que sea y lo que yo quiera.

Gracias, Pau, por escribir y compartirnos este pasaje de tanto valor y esperanza.

En ambos casos las lecciones de vida, fortaleza, amor y gratitud son excepcionales.

Estas historias nos permiten una mirada distinta de nuestra propia vida y de las condiciones de vida de las personas que nos rodean, también nos enseñan la importancia y el valor de la gratitud.

Practicar la gratitud y aceptación puede ayudarnos a desarrollar la resistencia para hacer frente a situaciones difíciles. La gratitud y la aceptación pueden mejorar nuestras relaciones con los demás. La aceptación nos ayuda a ser más comprensivos y empáticos con los demás.

La gratitud y la aceptación también pueden tener beneficios de salud mental y física, porque la verdadera gratitud implica un sentido más profundo de apreciación y reconocimiento de lo que uno tiene.

Sin embargo, la gratitud y aceptación en momentos muy adversos de nuestra vida o frente a traumas terribles resultan difíciles y en ocasiones, dependiendo del trauma, van a requerir mucho tiempo y amor.

Recientemente escuchaba a una psicóloga española afirmar que cuando alguien viene a pedirnos apoyo, o bien, cuando alguien atraviesa una situación dolorosa en cualquier aspecto de su vida, mencionar las consabidas sentencias huecas de "échale ganas", "tú eres fuerte y puedes con esto y más", etc., es una falta de respeto y de empatía, y por tanto resultan inaceptables.

Hay al menos tres circunstancias que dificultan aceptar la realidad:

1) El nivel de gravedad de la situación: hay situaciones que son más difíciles de aceptar que otras. No es lo mismo enfrentar la pérdida de un empleo con ahorros suficientes que cuando se vive al día; no es lo mismo tener un mal día que ser una víctima de violencia sexual.

En estos últimos años he tenido el privilegio de estar muy cerca de sobrevivientes de violencia sexual y conozco de su angustia y ansiedad, de la culpa que los tortura como si ellas o ellos fueran los victimarios y no las víctimas.

Conozco de sus profundas tristezas y también del sufrimiento y gran valor para romper el silencio, y siendo sobrevivientes reconocer que ese crimen destruyó gran parte de ellas y ellos en el pasado, pero que eso tan terrible, doloroso y cruel no los define.

Así que hay traumas y dolores profundos que requieren de tiempo, de muchísimo amor y de redes de apoyo en muchos aspectos.

2) El momento vital en el que se produce: en ocasiones pueden darse simultáneamente varias situaciones vitales estresantes, lo que dificulta la aceptación de estas. Es cuando decimos que "llueve sobre mojado".

3) El apoyo social disponible: si en ese momento la persona cuenta con una adecuada red de apoyo social o, por el contrario, si la persona se encuentra aislada o desamparada.

Y si de gratitud se trata, quiero compartir en este libro un momento decisivo en esta nueva etapa de mi vida.

Justo cuando ese grupo de grandes especialistas me hizo saber que no sabían ni la causa, ni la enfermedad y por tanto tampoco un proceso para aliviar el dolor, recibí una llamada de Rosario Marín, mi tan querida y admirada amiga. Le bastó escuchar mi voz un viernes de marzo para saber de todo lo que en esos momentos estaba sintiendo, así que sin dudarlo me dijo que el lunes vendría de Los Ángeles solo para desayunar conmigo.

Y así lo hizo. Recuerdo ese encuentro en donde escuchó mi alma y también mi cuerpo, y sus palabras antes de despedirnos: "Josefina, debes aceptar y rendirte, ya no pelees más con este dolor, si en verdad quieres curarte ve y habla con Dios y con toda humildad suplícale que te ayude. De todo corazón frente a Dios acepta lo que estás viviendo y ponte en sus manos. Si lo haces con fe y con humildad vas a tener una respuesta".

Al terminar el desayuno nos abrazamos muy fuerte y me fui directo a la iglesia más cercana. Saliendo de ahí recibí una llamada de un entrañable amigo de Chihuahua, Enrique Cano, que en realidad es un hermano para mí, esos hermanos que Dios te concede, para decirme que el ginecólogo de sus hijas le había recomendado un médico en la Ciudad de México y que, aunque no se conocían personalmente, las referencias que tenía del doctor Plancarte eran excelentes.

Busqué de inmediato una cita con el doctor Plancarte, que generosamente me dio para el día siguiente, y en esa consulta médica con una gran lupa en sus manos revisó mis piernas, me pidió sentir la temperatura en cada una de ellas, porque claramente la pierna derecha estaba más fría, y al revisar con esa lupa me pidió con serenidad y afecto pasar a su escritorio, porque quería explicarme lo que había encontrado.

Como un sabio maestro que es, sacó un par de libros y me dijo: "Ya sé lo que tiene…".

En este momento mi hija, que es una doctora con gran vocación y compromiso, empezó a llorar, después de muchos meses finalmente escuchábamos un diagnóstico, el nombre del síndrome que se había instalado en mi pierna.

Con detalle nos explicó que las causas eran desconocidas, pero tenía la certeza casi absoluta de su diagnóstico, ahora debía probar que estaba en lo cierto, así que siete días más tarde estaba yo de regreso en el quirófano para que pudieran ponerme un catéter y por ahí cuatro veces al día introducir una anestesia.

El doctor Plancarte me retiró todos los opioides y me advirtió que los dos primeros días el dolor volvería con todo su poder, pero si a partir del tercer día empezaba a disminuir entonces estaría en condiciones de confirmar el diagnóstico, y así sucedió.

Finalmente empezamos un tratamiento con esa certeza que habíamos buscado por meses, y aun así también fue muy claro en señalar que este dolor no tiene palabra de honor y que iríamos paso a paso.

Abril fue todavía un mes con dolor profundo, y justo el Viernes Santo de esa Semana Santa abandonó mi cuerpo. Entre mayo y la primera quincena de noviembre de ese año mi vida regresó casi totalmente a la normalidad, hasta que para finales de noviembre regresamos con otro catéter, ahora por 21 días y con la confianza del doctor Plancarte de que este procedimiento haría un efecto de sanación considerable, pero justo ese día en el que se cumplían los 21 días y el catéter debía retirarse, el dolor retomó su furia y su fuerza. Solo aguardé en mi oficina del Senado para una votación importante, y una vez registrada ya en el tablero, inmediatamente regresé al quirófano, ahora para quitar el catéter y hacer un procedimiento en algunos nervios de mi espina dorsal. Esos 21 días no dieron el resultado esperado, sino que me llevaron a una cirugía no planeada pero indispensable para intentar controlar el dolor.

Hasta ahora no he vuelto a tener esos casi seis meses sin dolor, y sí en cambio muchos otros tratamientos buscando alivio.

He aprendido el enorme reto que significa cambiar el código del dolor en el cerebro, porque mis médicos me han enseñado que cuando el dolor se vuelve crónico es como si el cerebro se reseteara y cambia ese chip en donde normaliza el dolor.

Desasociar este dolor del cerebro no ha sido una tarea sencilla, pero hemos intentado todo lo que ha estado a nuestro alcance.

Retomando las lecciones del doctor José Antonio Lozano, él nos enseña que hay tres características que tienen todas aquellas personas que se declaran felices en su vida: "La primera es que tienen relaciones profundas con los demás, la segunda es que son generosas y la tercera, y quizá la más poderosa, es que saben ser agradecidas".

También nos invita a ver la vida como un premio y no como una carga o como algo que no importa. E insiste en que creer que nos merecemos todo impide tanto el agradecimiento como la valoración de lo que hemos recibido, gracias a la generosidad y amor de otras personas, así como el esfuerzo que implica lograr un sueño.

De un tiempo para acá, intento cada noche hacer mi lista de gratitud, y en ocasiones les he insistido a mis hijas sobre la importancia y el gran valor de la gratitud. Hoy sé que todo lo que damos por hecho se puede perder o puede cambiar en un instante, así que agradecer cada día por cada regalo de vida, por cada bendición, nos humaniza y nos recuerda que mucho de lo que somos y hemos logrado hasta ahora se lo debemos a otras personas que eligieron amarnos y acompañarnos en el trayecto de nuestra vida.

9

OTROS INVITADOS INESPERADOS

A nuestra vida personal no solo llegan invitados a los que nunca esperamos y, como decimos en México, se meten "hasta la cocina" y nos obligan a cambiar nuestra vida para siempre.

El caso más claro fue la epidemia de covid-19 de la cual somos sobrevivientes. En un principio, y cuando apenas se escuchaban rumores o noticias aisladas sobre esta terrible pandemia, una gran mayoría dimos por hecho que nuestra vida no cambiaría radicalmente, y que las agendas llenas de citas y eventos eran imposibles de cancelar.

Sin embargo, en pocos días, y frente a las noticias de muerte, desolación e historias heroicas del personal de salud, el mundo entero cerró la puerta de su casa, sus empresas y de pronto todo fue distinto. Y así, como en lo personal podemos llegar a creer que tenemos el poder para controlarlo casi todo, hasta que nos damos un ramalazo y caemos en la cuenta de que no es así, la pandemia nos puso a prueba y exigió de todos nosotros humildad para reconocer nuestra incapacidad para transformar esa realidad. Así que no obstante los avances tecnológicos y las investigaciones científicas de avanzada, el covid-19 se impuso y dictó sus propias reglas, tal como lo hace la enfermedad y el dolor.

Podemos dividir la historia moderna en antes y después del covid-19, porque tuvo consecuencias profundamente dolorosas para millones de familias en el mundo, y a la vez modificó muchos de nuestros comportamientos y salud física y mental en quienes libramos esa batalla. A la fecha, aún se desconocen los efectos del covid-19 y las secuelas para muchas y muchos de quienes lo vivimos.

Mi nieta mayor nació justo cuando la pandemia estaba en uno de sus momentos de mayor riesgo e intensidad. Un día antes de su nacimiento estaba muy ansiosa y angustiada, porque ya sabía que no podría acompañar a mi hija mayor en su primer parto, y no podría tampoco conocer a mi primera nieta en sus primeros minutos de vida ni podría estar al lado de mi hija. La única opción fue aceptarlo, porque "es lo que había".

Justo un día antes del nacimiento ya calendarizado, les pedí a mis otros hijos que nos subiéramos al auto para ir a cualquier lado y así lograr un poco de distracción y serenidad, y la experiencia de recorrer las avenidas tan solitarias, con todos los negocios cerrados, sin personas caminando en las banquetas, me recordó las películas de ciencia ficción que muestran un mundo desierto de seres humanos. En esos días no teníamos vacunas, el personal médico arriesgaba su propia vida en muchos de los casos, y las familias lo daban todo por un tanque de oxígeno o un respirador.

El covid-19 nos mostró nuestra vulnerabilidad y también nuestras fortalezas.

Vi nacer a mi primera nieta gracias a que mi segunda hija es una muy brillante neonatóloga, así que al nacer pude conocerla a través de una pantalla. Los días para ir por ellas al hospital me parecieron eternos, pero al mismo tiempo ese encierro obligado me dio la oportunidad y la bendición de poder estar con ellas algunas semanas que un mundo sin pandemia jamás me hubiese permitido. La pandemia llegó cuando ni siquiera pasaba por mi mente el reto de salud que me aguardaba, pero de alguna manera me ayudó a prepararme, porque fueron meses en que debimos renunciar a abrazar a las familias, cancelar todas las actividades planeadas. Fueron meses de heroísmo del personal de salud y también de duelo para cientos de miles de familias.

El covid-19 nos enseñó a valorar lo que dábamos por hecho, lo cotidiano de salir a caminar, dar la mano, el abrazo indispensable, poder celebrar con amigos y familia, llevar a los niños a la escuela. La agenda en el mundo también cambió de manos y la pandemia marcó su propio ritmo al margen de nuestros anhelos.

Nadie en el mundo fue culpable de la pandemia, pero sí fuimos responsables de elegir cómo enfrentarla y aprender a vivir frente a realidades inimaginables apenas meses atrás.

La enfermedad se extendió en el mundo entero, y hoy sabemos sus costos y sus consecuencias, y también conocemos la tragedia que significó para cientos de miles de familias que perdieron a seres queridos, muchos de ellos debido a que, sin vacunas ni protección adecuada, los contagios estaban a la orden del día, y muchos más por la indolencia de autoridades que se negaron a aceptar la realidad.

El mundo digital llegó para instalarse aun entre quienes no estábamos tan familiarizados con la tecnología.

Las clases en línea eran la única opción, porque "es lo que había"; muchos aprendimos a usar las plataformas para poder seguir con nuestros empleos, porque "es lo que había", pero también para ver a quienes amamos e intentar abrazarlos a través de una pantalla.

El trabajo en casa (*home office*) llegó para quedarse, y el comercio digital también, ambos revolucionaron nuestra forma de vivir y obligaron a las personas y a las empresas a tener nuevos aprendizajes e inversiones significativas en tecnología, porque la inmediatez y las múltiples alternativas hacen más difícil conservar a sus clientes.

Como toda enfermedad o fuerte sacudida en nuestra vida, la pandemia logró sacar lo mejor del ser humano, y ejemplos e historias sobran, pero también nos mostró su parte más oscura, prueba de ello fue el crecimiento sin precedente de la violencia sexual en contra de niñas, niños y adolescentes, pues estaban confinados junto con sus agresores.

Aceptar una realidad como el covid-19, hoy lo sabemos en esta generación, no fue sencillo pero sí indispensable, incluso para salvar la propia vida y la de muchos otros.

Hoy, las redes sociales están impidiendo que millones de personas en el mundo acepten su realidad, pues la realidad virtual es tan poderosa que termina siendo su mundo y su referente. Las expectativas utópicas que generan y esos mundos "perfectos" que muestran a diario están generando enorme frustración, angustia y ansiedad.

Urge desconectarnos de esa realidad virtual para volver a conectarnos entre nosotros y recuperar la salud mental que tanto dolor provoca cuando es lastimada, para volver a disfrutar de los amaneceres y los atardeceres, que además son gratuitos, y para volver a sentir en nosotros y en los otros, su alma, sus sueños, sus voces, sus preocupaciones, su dolor y sus batallas cotidianas.

Y vaya que el dolor lo consigue, porque logra desenchufarnos de ese mundo que habíamos construido, para llevarnos a territorios y a otros mundos que no habíamos descubierto, simple y sencillamente no habíamos tenido el tiempo de observarlos y valorarlos en su justa dimensión.

10

SIEMPRE AMANECE

La aceptación en todos los campos y en todos los ámbitos de nuestra vida es sin duda el primer paso para seguir andándola, para construir nuestros sueños y para aceptar aquello que está en nuestras manos y en nuestra voluntad transformar y aquello que nos es imposible cambiar y por tanto habremos de elegir vivir con ello, y de esta elección dependerá en gran medida nuestra capacidad para construir felicidad o para refugiarnos en la resignación, la angustia y la frustración, la amargura y la ansiedad, en la desesperanza, que es tanto como elegir dejar de vivir, de sentir, de querer, de anhelar, de soñar.

Uno se hace viejo cuando sustituye sus ilusiones por sus recuerdos, o sea, uno está envejeciendo cuando mira más hacia atrás que hacia adelante, por lo tanto, para no envejecer es necesario tener siempre ilusiones y cumplir objetivos concretos que sean medibles y luego aceptar la realidad de lo que es la vida.

El dolor me obligó primero a caminar a un ritmo distinto, y después me ha enseñado el valor de lo que antes me parecía cotidiano, normal o incluso poco importante.

El dolor me llevó de una carrera incesante a un caminar que me muestra cada día mundos que aún no descubría, personas extraordinarias y tiempos de convivencia con quienes más amo. Finalmente vivo algunos días en donde no todo es prisa ni vorágine, y entonces respiro profundo y los gozo al máximo. De igual manera lo hago con aquellos días en que esa intensidad regresa y la adrenalina marca el ritmo de las horas.

Hace un par de semanas mi hermosa nieta de cuatro años abrió la puerta de nuestra habitación y corriendo me dijo: "¡Pinana, mira el amanecer, todo el cielo está rojo, y tú amas los amaneceres!".

Y tiene toda la razón. Me sentí la persona más feliz del planeta, por este despertar tan lleno de amor y de alegría, porque he tenido el tiempo para enseñarle que amo los amaneceres y porque lo mejor de todo es que siempre amanece, y estos amaneceres no dependen de mí ni de ningún ser humano en el planeta.

Deseo que esta lectura nos invite a descubrir y vivir más amaneceres, a agradecer todo aquello que tenemos y a cuidarlo, que reconozcamos lo que está en nuestro poder y voluntad cambiar y aquello que debemos aceptar, que tengamos un exceso de presente para honrar la vida, y que cerremos el paso a la desolación, la desesperanza y el aislamiento, y viviendo nuestra propia realidad seamos capaces de abrazar causas con otros y para otros, que hagamos realidad el llamado de Juan Pablo Adame: ¡vive, vive, vive!

YO SÍ TE CREO...

Un mensaje a las familias:

Cuando en ningún estudio médico puede probarse una enfermedad, uno de los mayores riesgos y tragedias es no creer en lo que dice el paciente. Más aún en enfermedades en donde hay días de dolor insoportable y otros en donde la normalidad regresa.

Deben ser muchos los pacientes que enfrentan esta realidad, y tengo testimonios de familiares que eligen ignorar o simple y sencillamente tachar de locura a quienes en su entorno cercano padecen alguna de estas enfermedades. Entiendo que no es fácil convivir cotidianamente con quien requiere apoyo y ayuda física, emocional y médica. Entiendo que debe ser agotador para la familia vivir al lado de quien de pronto toca la puerta del hospital pidiendo ayuda para arrancar el dolor de su cuerpo, y nunca existe certeza sobre cómo vivirá el día de hoy o el de mañana.

En mi caso, tanto mi familia como mis doctores nunca han dudado, al menos así lo creo, nunca los he visto titubear ni preguntarme más de una vez tratando de comprobar que estoy diciendo la verdad. Y puedo decirles que quien menos quiere decir "me duele" es el propio paciente, porque uno disfruta a todo lo que da cuando no duele y también porque la gran mayoría —estoy segura— no queremos ser los molestos en la familia, los que cancelamos comidas a los amigos o los que queriendo pasar un Año Nuevo con quienes amamos de pronto nos despedimos para ir al hospital a pedir ayuda.

Porque, aunque quienes están cerca de nosotros no nos lo digan, sentimos su frustración, escuchamos sus oraciones, sabemos de su búsqueda de apoyos y seguramente también tendrán conversaciones entre ellos para ver cómo enfrentar de mejor manera esta realidad, más aún si durante años no estuvo presente.

Solo en una ocasión una buena amiga me dijo, como en tono de confesión: "La verdad, muchos decimos que este dolor te da por ciertas circunstancias, pero no creíamos que el dolor era producto de una enfermedad, así que le dimos poca o ninguna importancia".

En estas condiciones basta una mirada para saber si alguien eligió creerte o simple y sencillamente eligió ignorarte y hacerse a un lado.

Ya he compartido en estas páginas la historia del pequeño niño al que no le creían que el dolor en la muñeca de su mano le impedía tomar un lápiz, y hasta que un médico pudo dar un diagnóstico fue tratado como un paciente y ya no como un mentiroso.

Dr. Piñal y Asociados ha publicado varios testimonios de pacientes de Sudeck, uno de ellos es el de Andrea, que con 38 años afirma que "creían que estaba loca, que fingía, no entendían mi dolor". El propio doctor Piñal documenta que en su primer encuentro vía Skype Andrea solo movía el dedo pulgar, pero posteriormente a una cirugía novedosa lograron no solo quitarle el dolor, sino recuperar en su mano la movilidad que había perdido.

En la página de Discamedia podemos encontrar otro testimonio que sin duda es la historia de muchas y muchos pacientes más.

"Noemí convive con el 'tío Sudeck' —como ella denomina a la enfermedad— desde noviembre de 2015. Un dolor muy fuerte del talón al tobillo. Ahí empezó todo".

"En urgencias me dijeron que era un esguince, luego una tendinitis, y llegaron a tratarme de loca, que era dolor psicológico, que no tenía nada y que tirara la silla de ruedas y las muletas". Viendo que el dolor no remitía, acudió a especialistas privados que le pautaron una gammagrafía "para descartar tumoraciones óseas".

Un día que Noemí califica como "el peor" de su vida. "Me dijeron que no iba a volver a caminar, que mi vida iba a ser en silla de ruedas, con el nivel de dolor que tenía tan alto". También le advirtieron que se trataba de una enfermedad sin cura. "Uno de los médicos me dio la espalda yendo en la silla de ruedas y me dijo:'Es una pena para los profesionales como nosotros, pero no podemos hacer nada por ti'".

En la actualidad, destaca el "dolor neuropático y crónico" que sufre a diario, así como los "cambios de coloración y temperatura" en el pie derecho, que ahora se han extendido a más extremidades. Para disminuir ese nivel de dolor, Noemí cuenta con el implante de un neuroestimulador medular que "engaña al cerebro cuando emite una señal de dolor, lo camufla". La rehabilitación y medicación también la ayudan a mejorar su calidad de vida.

"Vivir con ello es hacer planes con amigas y a lo mejor no poder ir porque me duele o ir tirando con un mogollón de medicación de rescate". A ello añade el hecho de "llegar a casa todos los días y tener que estar una hora enchufada para cargar el neuroestimulador medular".

La causa de su enfermedad es desconocida.

"Sé que no va a llegar una cura para mí, pero que llegue para los que puedan venir detrás".

Con el objetivo de dar visibilidad al Sudeck y reflejar su propia experiencia para "ayudar a otras personas", comenzó a escribir un blog y a compartir contenido a través de las redes sociales desde que le comunicaron su diagnóstico.

Con motivo del Día Mundial del Síndrome de Sudeck se anima a "colorear el mundo de naranja". Noemí se encargó de promoverlo entre su familia, amigos y aquellos pacientes y profesionales que iba conociendo hasta llegar a conseguir que el ayuntamiento de Móstoles iluminara su fachada con este color.

Así, año tras año, invita a compartir fotografías en redes sociales con prendas o lazos naranjas y lleva a cabo diferentes actividades como la realización de mascarillas durante la pandemia con el distintivo del Sudeck.

Todo ello con la misión de dar visibilidad a la enfermedad, sensibilizar, que más personas la conozcan y fomentar la investigación. "A lo mejor, gracias a eso, llego a un traumatólogo que no sabía de su existencia o, si lo conocía, consigo que ponga un poquito más de interés en los pacientes que padecemos esto".

¡¡¡Queridas familias, un sí TE CREO hace toda la diferencia, absolutamente TODA!!!

Porque si el dolor físico es tan fuerte y trastoca todos los ámbitos de la vida de quien lo padece, y si aparte de todo ello no se sabe la causa en la mayoría de los casos y por tanto tampoco se sabe el camino de sanación, la indiferencia, incredulidad e incluso el acusar al paciente de estarse inventando esos episodios, lo único que lograrán será agudizar aún más las condiciones que ya está enfrentando, y en algunos casos tanto los incentivos para ya no seguir luchando como para ya no seguir viviendo solo se van a multiplicar.

La aceptación por parte de la familia y aprender a vivirlo juntos y pedir ayuda es el camino para tomar decisiones y acciones asertivas. Me recuerda nuevamente el caso de Alcohólicos Anónimos que, junto con su aceptación y voluntad, sus familias se agrupan en paralelo para aprender a acompañarlo en este gran desafío, y juntos lograr dejar lo que estaba destruyendo tanto la vida del alcohólico como la de su familia.

Queridas familias, son ustedes nuestro mayor soporte de amor y también de esperanza.

¡Les pedimos que nos ayuden a seguir viviendo con mayúsculas!

El dolor sí existe, aunque la única prueba de ello sea la voz de quien lo está sufriendo. El dolor sí existe, aunque viva días en que no se levante de la cama y algunos otros con una normalidad que sorprende. El dolor sí existe, aunque consuma opioides y muchos medicamentos más. El dolor sí existe, aunque vaya a terapias e intente hacer de cuenta que nada ha pasado en su cuerpo. Y este dolor que clama por ayuda y comprensión ya no tiene fuerza para resistir la indiferencia y menos aún el desamor.

EPÍLOGO

Justo cuando estaba por enviar este libro a la tan prestigiada editorial Penguin Random House, a la cual tanto agradezco su apoyo invaluable para publicarlo, una persona joven que generosamente leyó el texto me sugirió terminar con una reflexión que ella misma se dio a la tarea de escribir y que le agradezco profundamente.

La quiero compartir, tal cual, porque es el reflejo de lo que este texto significó para ella, porque cada una de sus palabras surge de su alma y también le concede a este libro lo que ella define como "un libro vivo".

Este no es un libro de quejas. Es un testimonio profundo de amor por la existencia, por esa vida que a veces quema, que duele, que se escapa sin avisar, y que merece ser sostenida con todas nuestras fuerzas mientras la tenemos.

Es un tributo a quienes conviven con enfermedades poco comprendidas, con diagnósticos inciertos, con dolores que no se ven y con ausencias que se sienten todos los días. Es, también, una ofrenda a los que ya no están, pero dejaron su luz encendida en el camino. A esos valientes que convirtieron lo cotidiano en un acto de fe.

Este libro no fue escrito únicamente para ti. También lo escribí para mí. Para recordar mis raíces, mis batallas, lo que fui y lo que aún puedo llegar a ser. Cada página es como una brújula para los días oscuros. Un recordatorio que me dejo por si algún día vuelvo a perder el rumbo. Porque sí, también hay momentos en los que se me olvidó vivir.

Y aquí viene lo que tal vez no esperabas: este libro no concluye con la última palabra.

Sigue vivo en cada historia que se atreve a salir del silencio. En cada médico que se detiene a ver al ser humano detrás de los síntomas. En cada familia que permanece unida en medio de la tormenta. En cada amistad que llama sin motivo aparente. En cada lector o lectora que al cerrar estas páginas decide actuar diferente: vivir con mayor gratitud, escuchar con más empatía, mirar con más profundidad.

Mi historia es solo una entre muchas. Pero si al leerla te animas a mirar la tuya con más compasión, con más sentido y sin miedo… entonces este libro no solo fue leído. Fue sentido. Y, sobre todo, fue vivido.

Anhelo, queridas lectoras y lectores, que al cerrar estas páginas elijamos una vida más plena, llena de gratitud y de gozo por todo aquello que sí tenemos, y que ejerzamos la mayor y más valiosa de todas nuestras libertades: nuestra libertad para aceptar la realidad y decidir nuestra actitud frente a todo aquello que no está en nuestras manos cambiar, y a la vez, que elijamos qué hacemos con lo que sí tenemos el poder de transformar para nosotros y también para colaborar con otros, para conjugar en el nosotros.

¡Que este no sea un final, sino apenas un principio para volver a elegir y volver a empezar, porque siempre amanece!

Esta obra se terminó de imprimir
en el mes de febrero de 2026,
en los talleres de Diversidad Gráfica S.A. de C.V.
Ciudad de México